Landgärten

Private Paradiese zum Träumen

EVI PELZER
KAREN MEYER-REBENTISCH

blv

Inhalt

»WER TRÄUME VERWIRKLICHEN WILL, MUSS WACHER SEIN UND TIEFER TRÄUMEN ALS ANDERE.«

KARL FOERSTER

Vom Zauber ländlicher Gärten

SEIT EINIGEN JAHREN fahre ich durchs Land, um Gärten mit besonderer Ausstrahlung aufzuspüren und zu fotografieren. Ich bin selbst leidenschaftliche Gärtnerin und tausche mich mit etlichen befreundeten Gärtnern aus, die mir immer wieder von neuen sehenswerten Gärten berichten.

Schließlich entstand der Wunsch, all diese Gärten in einem Bildband vorzustellen. Diese teils wildromantischen, teils elegant verspielten oder gar streng formalen Gartenschönheiten im Kontext ihrer natürlichen ländlichen Umgebung einzufangen war mein Ziel. Dazu ermutigte ich die Besitzer, ihr grünes Reich zum Fototermin so zu belassen, wie es auch im Alltag aussieht – auf besondere Dekorationen habe ich bewusst verzichtet. Die Aufnahmen sollen möglichst den natürlichen Charakter eines Gartens zeigen.

Zu allen Gärten hatte ich freien Zutritt und konnte für meine Aufnahmen die idealen Lichtverhältnisse und die optimalen Blütezeiten abpassen. So fotografierte ich nach einem frühmorgendlichen Gewitterschauer im Garten der Familie Meves. Bei Claudia Wolf war ich zum Abendessen eingeladen, fand jedoch die Lichtverhältnisse so grandios, dass ich meine leckere Pasta kalt werden ließ und lieber das Licht- und Schattenspiel inmitten der Rosen festhielt.

Die Kreativität und Vielseitigkeit der Gärtner wie auch die Unterschiedlichkeit der Gärten fand ich sehr inspirierend. Es würde mich freuen, wenn es mir gelungen ist, auch Ihnen etwas vom Zauber und Charme dieser ländlichen Gärten nahezubringen.

Evi Pelzer

Mein Garten voller Poesie

GESTALTER	EIGENENTWURF
GRÖSSE	1000 QM
KENNZEICHEN	SCHATTIGER HORTENSIENGARTEN AM HANG

~ DER GARTEN
VON HANNELORE BREM-GÖSER

Ein Zufluchtsort waren Gärten für Hannelore Brem-Göser schon immer. Sie wurde in die Wirren der Nachkriegszeit hineingeboren. Ihre Heimatstadt München bot damals ein trauriges Bild der Verwüstung. Doch wie durch ein Wunder blieben so manche herrschaftliche Park- und Schlossgärten von den schrecklichen Bombardements vorschont. Hierhin flüchtete sich die kleine Hannelore und spielte tagelang Versteck im kurfürstlichen Hirschgarten oder machte Picknick auf den saftigen Wiesen der Schlossanlagen von Nymphenburg. Ihre Kindheitserinnerungen sind stark geprägt von den damals sehr verwilderten, verwunschenen, jedoch feudalen Gärten. So ist sie hineingewachsen in eine Welt, in der die Natur für sie eine große Rolle spielte. Ihr Sinn für Ästhetik wurde geschärft und die Vorliebe für nostalgische Gärten geboren.

Nur einem Zufall ist es zu verdanken, dass sie vor über 20 Jahren eine kleine, schmucke Villa aus den 30er-Jahren angeboten bekam, inklusive eines verwilderten Gartens. Natürlich konnte sie nicht nein sagen. Mit geschultem Blick erkannte sie sofort das Potenzial des Anwesens und ist seither seinem Charme restlos verfallen. Mit viel Liebe und Gespür nahm sie die Instandsetzung in Angriff. Die vorhandene Bausubstanz wurde belassen, die Strukturen des umgebenden Gartens erhalten und die 80-jährigen Bäume mit großem Respekt behandelt. Ihr Credo lautet stets: Nichts verändern, sondern nur verfeinern.

»WENN MAN DIE NATUR WAHRHAFT LIEBT, SO FINDET MAN SIE ÜBERALL SCHÖN.«

VINCENT VAN GOGH

RECHTS Gerahmt von der weißen Ball-Hortensie 'Annabelle', fliederfarbenen Bauern-Hortensien und einer wüchsigen Teller-Hortensie mit rosa Scheinblättern befindet sich an oberster Stelle des Gartens ein romantischer Sitzplatz mit Blick übers Land.

EINE DERARTIGE VERBUNDENHEIT zwischen dem Besitzer und seinem Garten erlebt man nur selten. Es scheint, als stünden die alten, ehrwürdigen Bäume mit der Herrin in einem ständigen Dialog. Es ist jedoch kein herrischer Ton, den Hannelore Brem-Göser anschlägt, sondern ein leiser und gefühlvoller. Ehe sie die 1000 Quadratmeter große Anlage erwarb, war sie mehr oder weniger dem Schicksal oder besser der Natur überlassen. Wildblumen und Holunderbüsche hatten längst das Regiment übernommen, der steile Hang bot keine ausreichend begehbaren Flächen.

Seither sind über 20 Jahre verstrichen, in denen die Gartenenthusiastin ihr grünes Reich »verfeinert« hat. Unzählige Hortensienbüsche wurden gepflanzt, Terrassen verlegt und in jüngster Zeit erhielt der alte Zaun einen neuen, erfrischend weißen Anstrich. Eine Wildblumenwiese zieht sich gemächlich den Berg hoch und wird nur durch einen lang gezogenen Gehweg unterbrochen. Große Hortensienbüsche in allen erdenklichen Farbschattierungen und Blütenformen flankieren beiderseits den Aufstieg. Vielleicht könnte man den Weg leger als »Hortensienpfad« bezeichnen. Der relativ schattige Garten bot den Schönen die idealen Lebensbedingungen. Fragt man Hannelore Brem-Göser nach einem Geheimrezept für jene überbordende Pracht, verrät sie bereitwillig, dass hauseigener Kompost und reichliche Wassergaben in den Sommermonaten die Blühfreudigkeit entscheidend verbessern.

Betritt man das kleine und heimelig wirkende Gartenreich im Frühling, schwingen Tausende von Märzenbechern *(Leucojum vernum)* unter der Obhut der alten knorrigen Apfelbäume ihr Blü-

OBEN Zwischen den Stufen der Natursteintreppe aus Granitblöcken säen sich frech Frauenmantel *(Alchemilla mollis)* und Walderdbeeren *(Fragaria vesca)* aus. Hier darf sich auch der Trichterfarn *(Matteuccia struthiopteris)* ungehindert ausbreiten, er verleiht dem naturnahen Garten seine Eleganz.

LINKS Hübscher flammender Haarschmuck in Form von hochroten Bergenien zieren das Haupt dieser edlen Damen. Die blaublütigen Begleiter im Hintergrund lassen ihr dezent den Vortritt. Die blaue Farbe behalten Bauern-Hortensien, wenn der Boden einen pH-Wert zwischen 4 und 5,5 hat.

OBEN Von der Rose 'Leonardo da Vinci', die sich in einem ovalen Beet mit immergrüner Efeu-Einfassung befindet, ist Hannelore Brem-Göser ganz begeistert. Die dankbare, kompakt wachsende Strauchrose beglückt mit überreichem Flor und regenfesten Blüten.

UNTEN Flankiert wird diese Natursteintreppe durch den dominierenden Trichterfarn, auch »Straußfarn« genannt, sowie linker Hand durch Bergenien und zartrote Astilben. Im Vordergrund entpuppt sich der Balkan-Storchschnabel *(Geranium macrorrhizum)* als Lückenfüller.

tenzepter. Dicht an dicht stehen sie aneinandergereiht und befriedigen mit ihrem altmodischen Charme die Sehnsucht nach ländlicher Idylle. Nach den Blausternchen *(Scilla)* verwandelt der Löwenzahn *(Taraxacum officinale)* jenes naturbelassene Fleckchen im Vorfeld des Hauses in eine blühende Oase. Obwohl die meisten Gärtner mit ihm auf Kriegsfuß stehen, mag ihn Hannelore Brem-Göser ganz besonders. Nach einem strengen Winter empfindet sie seine sonnig wirkenden Blüten als sehr wohltuend und wärmend, die Blätter verwendet sie zudem gerne für leckeren Salat in ihrer Küche. Dieser Gartenbereich hat seine eigene, ungezügelte Persönlichkeit, Wildkräuter sind hier nicht nur geduldet, sondern sogar erwünscht.

IN DEN LANG GEZOGENEN BEETEN inmitten der Wiesenpracht geben jedoch Blütenstauden und niedrige Gehölze den Ton an. Den Frühlingsreigen eröffnen alte Tulpensorten in Gelb und Rot, dazwischen weben sich tausend niedliche, weiße Schleifenblumen *(Iberis)*. Dunkle Bart-Iris *(Iris* x *germanica)* kündigen schließlich zusammen mit zitronengelben, duftenden Taglilien *(Hemerocallis)* den Sommer an. Nun geht es auf schöner Natursteintreppe weiter bergan. Farne, die sich von selbst hier angesiedelt haben, lugen aus allen Fugen und Ritzen und verleihen dem Garten eine zunehmend elegantere Note. Alsbald rückt rechter Hand die schmucke Villa ins Bild. Wie eine Königin wacht sie über das kleine Gartenreich. Viele Arbeitsschritte waren notwendig, um die alte Dame aus dem Dornröschenschlaf zu wecken und sie im neuen Glanz erstrahlen zu lassen. Der neue Anstrich in Altrosé passte, wie sich erst später herausstellte, perfekt zu den zarten Pastelltönen der Hortensien. Hier am Fuße des Hauses hat die Gärtnerin ihren Lieblingspflanzen einen Logenplatz gewidmet, denn die Lage im lichten Schatten der knorrigen Bäume erschien ihr als besonders geeignet. Ganz verzaubert ist der Betrachter angesichts dieser Blütenfülle in Rosé, Blau und Weiß.

AM ZAUN DES NACHBARGRUNDSTÜCKS entlang, gibt es ein winziges, etwa vier Quadratmeter umfassendes Kräutergärtlein, das jedoch vollkommen ausreicht, um den Bedarf eines Zweipersonenhaushalts zu decken. Neben Liebstöckel *(Levisticum officinale)*, Schnittlauch *(Allium schoenoprasum)* und Rosmarin *(Rosmarinus officinalis)* erheben sich darin Stachelbeerhochstämmchen als Statisten. Gerahmt wird das Ensemble von einer niedrigen Buchshecke, als schmückendes Element wurde eine patinierte Eisenamphore hinzugefügt.

An der Hausfassade vorbei, tut sich linker Hand ein hübsches Rosenbeet auf. 'Leonardo da Vinci', eine rosa blühende und dicht gefüllte Märchenrose, macht hier ihrem Namensgeber alle Ehre. Von dunkelgrünem Efeu gerahmt, wirkt sie wie ein apartes Gemälde. Diese dekorative Rankpflanze spielt in diesem Garten noch eine weitere wichtige Rolle. Auch der Windfang des Hauses schmückt sich mit dem dauerhaft Immergrünen. Die Hausherrin nennt ihn liebevoll »Schloss-Efeu« und spielt damit auf die Altersform an, die duftende Blütenstände hervorbringt und den kompli-

RECHTS Zwischen Efeu (*Hedera helix* 'Aborescens´) und einer Teller-Hortensie in Rosé fällt der Blick auf das alte Hühnerhäuschen, das inzwischen als Geräteschuppen dient. Hier liegt, von der Außenwelt abgeschirmt, der so genannte »Secret-Garden« von Hannelore Brem-Göser.

zierten botanischen Namen *Hedera helix* 'Arborescens' trägt. Nicht nur die Bienen sind verrückt nach ihm!

OBERHALB DES ROSENBEETS wurde ein lauschiges Plätzchen geschaffen, ein Sommersitz im Grünen, umgarnt von weiteren Hortensienbüschen. Dazwischen unzählige Tuffs von Frauenmantel *(Alchemilla mollis)*, die sich mit ihren zartgelben, schleierartigen Blüten mit Farnen und Taglilien *(Hemerocallis)* verweben. Hier gilt es Platz zu nehmen auf den hübschen, verschnörkelten Eisenstühlen, die seit zwei Jahrzehnten den Garten schmücken. Den Hang aufwärts rückt das malerische Hühnerhäuschen ins Visier. Das Gebäude von anno dazumal versteckt sich bescheiden hinter dem Wohnhaus, die Klappen an den Unterseiten der Holzwände zeugen davon, dass hier vor längerer Zeit das Federvieh beschaulich ein und ausmarschierte. Nun dient es als Gartenhäuschen, in dem auch Kübelpflanzen im Winter Quartier beziehen und das Gartenzubehör seinen Platz hat.

Von der Außenwelt abgeschirmt, könnte man jenes intime Separée zwischen Villa und Gartenhaus als »Secret Garden« bezeichnen. Ihm liegt ein Zauber inne, der durch die Glyzine, die sich am Balkon hochrankt, noch verstärkt wird. Hier an diesem besonderen Plätzchen wohnt auch der »Engel der Stille«. Unter dem Schirm eines sehr betagten Lebensbaumes versiegelt der versteinerte Cherub mit erhobenem Finger seine Lippen und gemahnt zur beschaulichen Stille, damit das Blumenmädchen auf der Treppe nebenan weiter von vergangenen Zeiten träumen kann.

Von der Leidenschaft für Rosen und der Liebe zum Handwerk

GESTALTER	EIGENENTWURF
GRÖSSE	1500 QM
KENNZEICHEN	ELEGANTER ROSENGARTEN MIT HANDGESCHMIEDETEN OBJEKTEN UND HOLZBAUWERKEN AUS EIGENBAU

~ DER GARTEN VON IRENE UND MAX MANDL

Sogar mitten in der Nacht kann es vorkommen, dass Irene Mandl ihren Mann Max aufweckt, um ihm von einer ganz besonderen Idee für den Garten zu erzählen, die ihr zwischen Schlummer und Wachen eingefallen ist. Zwei Umstände führen dazu, dass Max Mandl dann nicht ungehalten reagiert, sondern seiner Frau genau zuhört: Zum einen ist der Schreiner im Ruhestand ein besonders ausgeglichener und liebevoller Mann, zum anderen teilt er mit seiner Frau die große Leidenschaft für den gemeinsamen Garten. So tüfteln die beiden mitunter bis in die Morgenstunden an neuen Pflanz- oder Gestaltungsplänen. Seit gut 15 Jahren ist das Ehepaar Mandl nun in Rente, sodass ein bisschen von dem verlorenen Nachtschlaf zur Mittagszeit nachgeholt werden kann.

Max und Irene Mandl kümmern sich mit großer Liebe zum Detail um ihre beiden Gärten. Als sie in das Elternhaus von Max einzogen, gehörte ein dreieckiges, etwa 500 Quadratmeter großes Grundstück dazu, das an Felder und an eine Gärtnerei angrenzt. Das schien genug Platz zu sein für die kleine Familie. Die Lust am Garten aber wuchs unaufhörlich und so kauften die Mandls 1984 eine nördlich vom alten Grundstück gelegene Streuobstwiese von fast 900 Quadratmetern dazu. Dort mussten etliche Bäume gerodet werden, bevor der Garten seine heutige Gestalt erhielt. Nur zwei 140 und 150 Jahre alte Birnbäume durften bleiben und geben dem Garten ein historisch gewachsenes Gesicht.

»BLUMEN ANSCHAUEN
HAT ETWAS BERUHIGENDES:
SIE KENNEN WEDER EMOTIONEN
NOCH KONFLIKTE.«

SIGMUND FREUD

RECHTS Die kräftig rosafarbene, öfterblühende moderne Kletterrose 'Rosarium Uetersen' ist in diesem Garten gleich zweimal vertreten. Das Rankgerüst hierfür, wie auch alle anderen Kletterhilfen und Deko-Objekte aus Eisen, hat Herr Mandl in Eigenregie gefertigt.

DURCH EIN SCHMIEDEEISERNES GARTENTOR zwischen Wohnhaus und Garage betritt man das grüne Reich des Ehepaars Mandl. Dort hinter dem Haus befindet sich der kleinere und ältere der beiden Gärten, der mit seiner Ostseite an das freie Feld angrenzt, was einen Eindruck von Weite schafft. Eine sanft geschwungene Rasenfläche führt durch zwei gestaffelte Staudenbeete hindurch, die mit einer grauen Natursteinbordüre dekorativ abgegrenzt werden.

Das vom Haus aus gesehen rechte Beet wird von der Morgen- und Mittagssonne verwöhnt. Beginnend mit bodendeckenden Polsternelken *(Dianthus)* und Rosenwaldmeister *(Phuopsis stylosa)* an der Rasenkante, wachsen dort allerlei rosa- und pinkfarbene sowie weißblühende Stauden, etwa Spornblume *(Centranthus ruber)*, Pfingstrosen *(Paeonia)*, verschiedene Storchschnabelvarietäten *(Geranium)*, Taglilien *(Hemerocallis)* und Beetrosen. Dazwischen setzen mächtige Buchskugeln tiefgrüne Akzente, eine schmiedeeiserne Rankkugel wird von einer blaublütigen Staudenclematis durchwebt. Zum Haus hin haben die Mandls das Beet mit hölzernen Rankgerüsten optisch von der Terrasse abgetrennt, an deren rechter Seite die purpurviolette Ramblerrose 'Veilchenblau' wächst – man müsste eigentlich sagen »wuchert«. Über und über schmückt sich die Pflanze mit natürlich wirkenden, einfachen Blüten, aus deren Mitte ein cremeweißes Auge leuchtet. Linker Hand etwas zurückhaltender, aber von imposanter Größe hat die zart roséfarbene 'Félicité et Perpétue' das Rankgitter erobert. Ihre dicht gefüllten hellen Blüten duften zart.

OBEN Dieses Gartenzimmer im alten Gartenteil der Familie Mandl dominiert die Kletterrose 'Veilchenblau' mit ihren kräftigen violetten bis mauvefarbigen Blüten. Zwischen Buchskugeln weben Leinkraut *(Linaria purpurea)* und rote Spornblumen *(Centranthus ruber)* Leichtigkeit in die Beete.

LINKS Im sogenannten »Weißen Garten« strahlen im Vordergrund Glockenblumen *(Campanula persicifolia* subsp. *sessiliflora)*. Im Buchsrondell rankt am filigranen Pavillon *Clematis viticella* 'Caerulea luxurians', zu ihren Füßen fügt sich die Beetrose 'Kent' in das weiße Farbspektrum ein.

OBEN An dem weiß getünchten Klettergerüst rankt eine unbekannte, stark duftende rosa Kletterrose. Sie ist das Geschenk eines Freundes und hat hier einen Ehrenplatz erhalten. Ihr zu Füßen wächst die schwachwüchsigere Kletterrose 'Perennial Blue' in farblicher Harmonie mit Schwarzäugigem Storchschnabel *(Geranium psilostemon)* 'Patricia'.

UNTEN Am weißen Holzpavillon vorbei gleitet der Blick auf die Japanische Harlekin-Weide *(Salix integra)* 'Hakuro-nishiki'. Um ihre Form zu wahren, muss sie ein- bis zweimal im Jahr geschnitten werden.

Mit dem Rücken zu den prächtigen Ramblern blickt man auf die Spitze des dreieckigen Gartens, an der eine filigrane schmiedeeiserne Rosenlaube einer blaublütigen Schmuckclematis neben einer rosaroten Ramblerrose Halt zum Ranken bietet. Max Mandl hat dieses ansprechende Rankgerüst selbst hergestellt, ebenso wie alle anderen Schmiedearbeiten für den Garten. Die dafür nötige Technik erlernte er, nachdem er in den Ruhestand eingetreten war. Für den Eindruck verspielter Eleganz sorgen im rechten Staudenbeet die unterschiedlich großen Buchskugeln, die von Max Mandl mit geübtem Auge in Form gehalten werden. Ihnen wurden zum Dialog zwei kleinere Granitkugeln beigegeben.

UM DEN ZWEITEN TEIL DES MANDL'SCHEN Gartens zu erkunden, geht man den Weg zurück. Der nördlich des Wohnhauses gelegene Teil ist zwar später angelegt worden, macht dank der dort verbliebenen alten Obstbäume jedoch den Eindruck, als gäbe es ihn schon seit Ewigkeiten. Als eine der ersten Taten nach dem Kauf des zweiten Grundstückes hat der Hausherr eine sechseckige Baumbank auf einem Podest um den dicken Stamm der ehrwürdigen steirischen Dörrbirne geschreinert. Dort befindet sich nun einer der Lieblingsplätze des Ehepaares, von dem aus man in jede Richtung des Gartens blicken kann.

Im östlichen Zipfel des lang gezogenen Dreiecks haben die Mandls eine geradezu meditativ anmutende Ecke geschaffen. Ein mit weißem Kies belegter Weg führt durch ein Portal aus patinierten Ziegelsteinen, gekrönt jeweils mit einer Terrakottakugel, zu einem filigranen Pavillon. Auch diesen hat Max Mandl selbst geschmiedet. Unterpflanzt ist er mit der weißen Beetrose 'Kent' und umsäumt von einem Buchsband. Eine weit ausladende Pflanzschale, dekoriert mit einer weißen Petunie und der Wolfsmilch *(Euphorbia)* 'Diamond Frost', definiert das Zentrum dieser ruhigen Inszenierung, die vornehmlich von weiß blühenden Mehrjährigen und tiefem Blattgrün definiert wird.

Im restlichen Teil des großen Dreieckgartens gilt eine solche Farbbeschränkung jedoch nicht. So wird der westlich der alten Birne gelegene Gartenteich von Stauden in allerlei Farben umgeben: Violetter Storchschnabel *(Geranium magnificum)*, blau leuchtende Kornblumen *(Centaurea cyanus)*, apricotfarbene Taglilien *(Hemerocallis)*, gelber Frauenmantel *(Alchemilla mollis)* und diverse Gräser sorgen für einen frischen Eindruck. Der kleine Teich ist so üppig umwachsen, dass man die Wasseroberfläche kaum noch ausmachen kann. Hinter der Wasserstelle lädt eine grob behauene Steinbank inmitten eines bunten Staudenmeeres zum Träumen ein. Über dem Sitzplatz erhebt sich ein kokett nur halbseitig mit der weißen Clematis 'Chalcedony' berankter Bogen.

VON DIESEM ENSEMBLE FORT führt ein schmaler Rasenweg vorbei an einer japanischen Zierweide zu einer antiken Schwenkpumpe, in die eine elektrische Förderung eingebaut wurde. So wird aus 22 Meter Tiefe frisches Wasser hinaufgepumpt. Aufgefangen wird es in einem aparten Steintrog, dort kann es sich erwärmen, bevor damit gegossen wird.

RECHTS Im alten Garten klettert die cremefarben bis gelbgrüne Rose 'Elfe' an einem Rankgerüst empor. Mit ihren stark gefüllten Blüten gehört sie zu den Nostalgierosen und muss sich farblich gegen die dahinter wachsende 'Veilchenblau' und 'Rosarium Uetersen' behaupten.

BIS ZUM HÖHEPUNKT DES GARTENS ist es nun nicht mehr weit: Der achteckige pagodenförmige Gartenpavillon könnte sicher als Meisterstück des Max Mandl durchgehen. Einen ganzen Winter lang hat der Schreiner an diesem Prachtstück gearbeitet, das nach eigenem Entwurf gefertigt wurde. Irene Mandl hat die zierenden Schablonen entworfen, die ihr Mann in mühevoller Kleinarbeit mit der Stichsäge ausgesägt und aufwendig von Hand geglättet hat. Hier kommen klassische und fernöstliche Stilelemente zusammen, die Verzierungen zeigen Anklänge an den Jugendstil – doch wirkt alles als harmonische Einheit. Der altweiße Farbton des Anstrichs trägt zur eleganten Erscheinung des Bauwerks bei, das sich trotz seiner Größe gut in den Garten einfügt. Auf der Innenseite hat Schreiner Mandl unmittelbar an die Brüstung eine umlaufende Sitzbank montiert, die Platz für etliche Gäste bietet. Das edle Bauwerk wurde Ostern 2000 mit einer kleinen Familienfeier eingeweiht.

Eine Rasenfläche mit vier Buchsinseln eröffnet sich hinter dem Pavillon. In der Mitte des ersten von acht Buchskugeln gebildeten kleinen Werders steht eine imposante Terrakottavase, die in jedem Jahr neu bepflanzt wird. Derzeit umsäumen pinkfarbene Petunien eine purpurfarbene Rosenkugel. In den weiteren Inseln – zwei Rondellen und einem Fünfeck – haben Rosen ihren Platz gefunden: Eine ist bepflanzt mit der öfterblühenden 'Rosarium Uetersen', die zweite mit der Kletterrose 'Graciosa' und in der dritten wächst die zartweiße 'Blush Noisette', die etwas empfindlich ist und deshalb jeden Winter eingepackt werden muss.

IM HINTEREN BEREICH ist ein Sitzplatz angelegt. Eine dezente Bank aus massivem Eisen und ein dazu passendes Tischchen präsentieren sich auf einer mit Granit gepflasterten kleinen Terrasse. Rückseitig ragt ein modern anmutender, aus angerostetem Eisenblech gestanzter Raumteiler empor – ein Blickfang, der zugleich die freie Aussicht auf das im tiefsten Winkel des Gartens angelegte Gemüsebeet kaschieren soll.

Dabei muss dieses sich mitnichten verstecken. Es wird ansprechend eingerahmt von wiederum handgeschmiedeten Rosenbögen aus der Mandl'schen Werkstatt, an denen die Rambler 'Bleu Magenta', eine purpurrot blühende Schönheit, und die zartrosa 'Eva Schubert' mit ihren duftenden, dicht gefüllten kleinen Blüten ranken. In dem kleinen Nutzgarten ziehen die Mandls Salat, Gurken, Petersilie, Erdbeeren, Kräuter und Paprika – für die wärmeliebenden Kulturen gibt es sogar ein Gewächshaus. Zwei Zwetschgenbäume und ein paar Johannisbeersträucher dienen der Versorgung mit frischem Obst.

Die Randbepflanzung am Zaun zum Nachbargrundstück ist locker und abwechslungsreich. Dort finden sich Flieder *(Syringa)* und Forsythien *(Forsythia)*, Felsenbirne *(Amelanchier)* und Sauerkirsche *(Prunus cerasus)*, einige Strauchrosen wie die karminrote 'Zigeunerknabe' (synonym 'Fritz Nobis') und 'Ghislaine de Féligonde' mit ihrem schönen Farbenspiel, das von cremefarben über gelb bis apricot-orange reicht. Dazwischen setzt Mutterkraut *(Tanacetum parthenium)*, das aussieht wie kleine Margeriten, fröhliche Farbakzente.

Eine Schwäche für Magnolien und ein Garten Eden am Wasser

GESTALTER EIGENENTWURF
GRÖSSE 2,5 HEKTAR
KENNZEICHEN ENGLISCHER LANDSCHAFTSGARTEN MIT BACH UND DEN PFLANZENSCHWERPUNKTEN MAGNOLIEN, HARTRIEGEL UND FUNKIEN

~ DER GARTEN VON THERESE UND FERDINAND KAPSREITER

Robust und pflegeleicht – so lautet das Motto von Ferdinand Kapsreiter beim Pflanzenkauf. Es versteht sich von selbst, dass heikle Pflanzen mit exquisiten Bodenansprüchen in einem 2,5 Hektar großen Gartenland wenig Überlebenschancen haben und wüchsigen, unproblematischen Vertretern der Vorzug gegeben wird. Als Ferdinand Kapsreiter den Vierseithof samt Garten von seinen Eltern übernahm, war nur ein kleiner Kranz ums Haus mit Blumen bepflanzt.

Doch im Laufe von 25 Jahren hat der Gartenenthusiast und Pflanzensammler sein Gartenreich beständig erweitert. Im Alleingang ist die Pflege des heutigen Areals inzwischen nicht mehr zu bewältigen, jede helfende Hand ist gefragt. Ehefrau Therese verbringt ebenso jede freie Minute im Garten und unterstützt ihren Gatten, den sie liebevoll »Head Gardener« nennt, mit Schwung und Elan. Auch Schwager und Schwägerin sind mit von der Partie, wenn es gilt, den Rasen zu mähen und das Unkraut zu jäten. Oma Kapsreiter hat eigens hierfür ein Körbchen an ihrem Gehwagen befestigt, in dem sie alle notwendigen Gartenutensilien verstaut. Auch Schneckenkorn und Düngemittel bewahrt sie dort auf. Trotz des großen Pflegeaufwands ist die Sammelleidenschaft von Ferdinand Kapsreiter ungebremst. Der Gartenbegeisterte scheut weder Zeit noch Mühe und nimmt auch längere Anfahrtswege in Kauf, um seiner Gehölzesammlung noch weitere Raritäten einzuverleiben.

»WENN DU VERGNÜGT SEIN WILLST,
UMGIB DICH MIT FREUNDEN,
WENN DU GLÜCKLICH SEIN WILLST,
UMGIB DICH MIT BLUMEN.«

JAPANISCHE WEISHEIT

RECHTS Eigentlich war die Zierkirsche *(Prunus serrulata)* eine Fehlbesetzung, inzwischen mutierte sie jedoch zu einem der Hauptakteure des Frühlingsgartens. Der sogenannte Weidenbach verhilft ihr zu doppelter Opulenz, da sich ihre zahlreichen Blüten auf der Wasseroberfläche spiegeln.

DAS MÄCHTIGE TOR DES VIERSEITHOFES wirkt wie eine Verheißung, weckt Neugierde auf das, was sich dahinter verbirgt. Bereits der Innenhof wartet mit einer dekorativen Ansammlung von Töpfen und Kübelpflanzen auf. In einem ausrangierten Leiterwagen wurden Funkien mit hübschen einjährigen Sommerblumen inszeniert. Dieses bäuerliche Arrangement trägt die Handschrift von Therese Kapsreiter. Durch einen Rundbogen hindurchgehend, eröffnet sich der Auftakt eines großartigen Landschaftsgartens. Ein Gartenkabinett mit Birnenspalier und zierlichen Schmuckstauden gleicht einem Vorzimmer. Was anschließend vor uns liegt, übertrifft alle Erwartungen!

Eine üppige Wasserlandschaft tut sich auf, modelliert durch einen natürlich fließenden Weidenbach, der das gesamte Gartengelände durchzieht. Eine mächtige, schon recht betagte Trauerweide, die leider bei kräftigen Stürmen immer arg zu leiden hat, tunkt ihre Äste in das kühle Nass. Darunter breiten sich prachtvolle Blattschmuckstauden aus, die sich im Schattenbereich sichtlich wohlfühlen. Schildblatt *(Darmera)*, Schaublatt *(Rodgersia)* und Pestwurz *(Petasites)* vermengt mit den dezent aufragenden Blütenständen von Kreuzkraut *(Ligularia)* und Wiesen-Knöterich *(Bistorta officinalis)* und kontrastiert von mächtigen Funkien *(Hosta)* perfektionieren dieses Landschafts-gemälde. An den Rändern residieren riesige Horste von Sumpf-Schwertlilien *(Iris pseudacorus)*. Schließlich erreicht man auf einem schmalen Rasenweg über eine Holzbrücke das linke Ufer des Bachs.

OBEN Unter dem Blätterdach der Gurken-Magnolie *(Magnolia acuminata)* sind die Schatten liebenden Funkien *(Hosta)* der Sorte 'Gold Standard' vor Sonnenbrand geschützt. Sie bleiben hier unter sich, obwohl der Garten insgesamt über 600 Funkien-Sorten beherbergt.

LINKS Auch den Hortensien gefällt es am Wasser! Die Eichblatt-Hortensie *(Hydrangea quercifolia)* und die rosa blühende Teller-Hortensie haben sich hier im lichten Schatten der Bäume mit dem kleinen Zeh im Wasser zu Prachtexemplaren entwickelt.

OBEN Die Abendsonne bringt dieses Beet zum Leuchten! Die weiß blühende Rispen-Hortensie *(Hydrangea paniculata)* 'Phantom' wetteifert mit den gelben Blütenständen des Kerzen-Kreuzkrauts *(Ligularia przewalskii)*. Die Japanische Pestwurz *(Petasites japonicus)* ist hier nur dekoratives Beiwerk.

UNTEN Ein schmaler Rasenweg führt durch die prächtigen Staudenbeete nach englischem Vorbild. Links flankieren Storchschnabel, Astilben und Sumpf-Schwertlilien den Weg, rechts winterhartes Zyperngras, Sterndolde, Kastanienblättriges Schaublatt und Bergenien.

EINE SPEKTAKULÄRE MAGNOLIENSAMMLUNG präsentiert sich dort auf großer Fläche. Geweihbaum *(Gymnocladus dioicus)*, Taschentuchbaum *(Davidia involucrata)*, Blauglockenbaum *(Paulownia tomentosa)* und Lederhülsebaum *(Gleditsia triacanthos)* spielen nur eine Nebenrolle in diesem artenreichen Arboretum. Den Frühlingsreigen eröffnet die weißblütige Stern-Magnolie *(Magnolia stellata)*, gefolgt von 80 weiteren, sehr attraktiven Arten und Sorten. Die rosa blühenden wie 'Galaxy' und 'Spectrum' liefern sich einen Wettstreit mit 'Yellow Fever' und *Magnolia* x *brooklynensis* 'Yellow Bird', den gelb blühenden Artgenossen. Sie kokettieren mit den zierlichen Formen 'Evamaria' und 'Susan'. Letztere gehört zu den sogenannten »kleinen Mädchen«, dabei handelt es sich um schwachwüchsige, zarte Magnolien, die allesamt weibliche Vornamen tragen und im Fachjargon mit »Little Girls« betitelt werden.

Angesichts dieser zahlreichen botanischen Namen schwirrt dem Zuhörer der Kopf. Ferdinand Kapsreiter gerät jedoch ins Schwärmen und ist kaum zu bremsen, wenn er von seinen Lieblingsgehölzen spricht. Obwohl die edlen Magnolien im Frühling den Ton angeben, behauptet sich wacker eine malerische Japanische Zierkirsche *(Prunus serrulata)* mit tausend rosa Blüten. Eigentlich ist sie eine Fehlbesetzung, wurde aber dennoch geduldet und bedankt sich seither im zeitigen Frühling mit einem überreichen Blütenflor. Sie residiert direkt am Bachlauf, wodurch sich ihre Blüten in der Spiegelung des Wassers verdoppeln. Wer gerät angesichts dieser Opulenz nicht ins Staunen! Dazwischen protzen Tuffs von ausladenden Hortensien *(Hydrangea)*, gepflanzt als Solitär, die das Frühlingsbild ablösen und die hochsommerliche Perspektive kolorieren. Bunt gemischte Staudenbänder und ruhige Rasenflächen markieren den Übergang zur naturhaft wilden Teichlandschaft. Im vorderen Bereich des Gartens wird nichts dem Zufall überlassen, der Gärtner orchestriert das Bühnenbild mit strenger Hand.

AM HINTEREN GARTENENDE vermischen sich gestalterische Elemente mit natürlichem Wildwuchs. Mal sind es seichte Tümpel, mal kleine Seen, die durch Brücken und Stege miteinander verbunden sind und an deren Ufer Sumpfpflanzen und Funkien *(Hosta* x *fortunei)* das Regiment übernehmen. Ein Tor eröffnet den letzten Gartenbereich, die Grenzen zwischen Natur und Garten sind nunmehr fließend. Eisenholzbaum *(Parrotia persica)* und essbare Mispel *(Mespilus germanica)* vermengen sich mit wild wachsenden Gehölzen, dazwischen Berge von Rispen- *(Hydrangea paniculata)* und Samt-Hortensien *(H. sargentiana)*. Giftiger Diptam *(Dictamnus albus)*, Wachsglocken *(Kirengeshoma)* und Farne beleben das naturnahe Bild.

Um den edlen Gehölzen mehr Licht zu verschaffen, mussten in den letzten Jahren mehr und mehr einheimische Bäume weichen. Aus den Stämmen, etwa auf einen Meter eingekürzt, fertigt der Gärtner naturnahe Pflanztröge an. Hierfür werden auf der Oberseite unterschiedlich tiefe Kerben ausgeschnitten, mit Erde befüllt und schließlich bepflanzt. Staudenwurzeln können sich dort ohne Konkurrenzdruck entfalten, die Stämme bilden eine natür-

LINKS Feuchtigkeitsliebende Stauden fühlen sich hier sichtlich wohl: die weiß panaschierte Funkie *(Hosta)* 'Crispula', Gold-Liguster *(Ligustrum ovalifolium* 'Aureum'), Tafelblatt *(Astilboides tabularis)*, lila blühender Wiesen-Knöterich *(Bistorta officinalis)*, Kastanienblättriges Schaublatt *(Rodgersia aesculifolia)*, Wasser-Segge *(Carex aquatilis)* und Wasser-Minze *(Mentha aquatica)*.

liche Barriere zum Unkraut. Seit Jahren hat Ferdinand Kapsreiter mit seiner Eigenkreation nur positive Erfahrungen gemacht. In einem gestylten Garten wären solch wuchtige Elemente fehl am Platze, in einem weitläufigen Naturgarten stellen sie jedoch ein schmuckes Beiwerk dar.

DAS ABSCHIEDNEHMEN VOM SOMMER fällt in diesem Garten nicht schwer, denn auch im Herbst ist für reichlich Farbe gesorgt. Rispen-Hortensien *(Hydrangea paniculata)* wie 'Great Star' und 'Phantom' erheben sich zum großen Finale, Eichblatt-Hortensien *(H. quercifolia)* mischen durch kräftige Blatttönung mit, auch die großen Samt-Hortensien *(H. sargentiana)*. stiften ihre nicht unerheblichen Herbstqualitäten bei. Blumen-Hartriegel *(Cornus kousa und C. florida)* haben nicht nur im Frühling mit ihren hinreißenden Blüten ihren großen Auftritt, sie entfachen auch zum Ausklang der Gartensaison nochmals mit ihrer dekorativen, violettroten Färbung ein Leuchtfeuerwerk. Ihnen hat Ferdinand Kapsreiter einen weiteren besonderen Platz in seinem Gärtnerherz gewidmet. Neben den eleganten Magnolien zählen die Schönen zu seinen favorisierten Gehölzen. Zahlreiche Vertreter der *Cornus*-Familie fügen sich harmonisch in das gesamte Gartenensemble ein. Wenn schließlich Raureif die letzten farbigen Blätter konturiert, die Teiche mit einer hauchdünnen Eisschicht überzieht und sich der Garten endgültig zur Ruhe bettet, haben auch Therese und Ferdinand nach einem arbeitsintensiven Gartenjahr eine Winterpause verdient.

Mut zu Farbe und immer neuen kreativen Ideen

GESTALTER	EIGENENTWURF
GRÖSSE	500 QM
KENNZEICHEN	KÜNSTLERGARTEN IN PASTELLFARBEN

~ DER GARTEN VON EDITH UND RUDI NUSSER

Ein neuer Geist zog ein, als Rudi Nußer 1993 zusammen mit seiner Frau Edith sein Elternhaus bezog, zu dem ein etwa 500 Quadratmeter großer Garten gehörte, der bis dahin ein Grundstück wie viele andere im Ort war. Mit dem Ehepaar Nußer jedoch wehte bald ein frischer Wind. Edith Nußer war immer schon kreativ: Ob Stricken, Häkeln, Nähen, Basteln – alles wurde ausprobiert. Haus und Garten boten dazu natürlich unbegrenzte Möglichkeiten. 1998 bahnte sich ein bis dahin verborgenes Talent bei Edith Nußer den Weg ans Licht: das Malen. Nach zahlreichen Kursen im In- und Ausland erfüllte sie sich 2007 mit der Eröffnung eines Ateliers im Erdgeschoss ihres Hauses einen Herzenswunsch. Und in Verbindung mit dem Garten entstand durch die Malerei eine Symbiose von Farben und Formen.

Ihr Mann Rudi, gelernter Kaufmann, steht hinter seiner kreativen Frau nicht zurück. Er töpfert Skulpturen – mit Vorliebe Elfen, Feen und Blumenmädchen –, schmiedet Rankhilfen, schreinert, mauert und betätigt sich auch als Pflastersteinleger, wenn im Garten wieder einmal ein neuer Weg angelegt werden soll. Und das kommt öfter vor, denn beide lieben Veränderungen, Experimente, sie geben ihrer grünen Oase gerne immer wieder ein anderes Gesicht. Ihr Garten ist ein lebendiger Ort, ist Inspiration und Muße zugleich. Auf lieb gewonnene Rituale wie den allabendlichen Rundgang durch den Garten wollen die Nußers daher nicht verzichten.

»LEBEN IST NICHT GENUG,
SAGTE DER SCHMETTERLING.
SONNENSCHEIN, FREIHEIT
UND EINE KLEINE BLUME
GEHÖREN AUCH DAZU.«

HANS CHRISTIAN ANDERSEN

RECHTS Eigentlich hat Edith Nußer die pinkfarbene Rose links als 'Nuits de Young' erworben, aber sie entpuppte sie sich als Falschlieferung. Nun umschmeichelt die unbekannte Schöne nebst weißem Fingerhut (*Digitalis purpurea* 'Alba') und der Kletterrose 'Perennial Blue' rechts die rosa Haustüre, die als Blickfang und Sichtschutz dient.

EIN MIT WILDEM WEIN bewachsener Zaun begrüßt den Besucher an der Straße, seine Blätter leuchten im Frühjahr strahlend grün und im Herbst tief dunkelrot. Im Sommer gibt er eine hervorragende Bienenweide ab, sodass es nur so summt und brummt zwischen den Blättern und Trieben. Ein aus Altholz gefertigtes Schild »Atelier« weist darauf hin, an der richtigen Adresse zu sein. Über dem Schild sitzt ein etwas schiefes und damit umso charmanteres Krönchen. »Passend zu unserem Märchengarten«, sagt Edith Nußer, die das Schild wie vieles andere im Garten häufig mit neuer Farbe auffrischt und damit überraschend neu inszeniert. Ein schmaler, vom Hausherren selbst gepflasterter Weg führt durch ein grünes Dickicht, aus dem üppige Strauch- und Kletterrosen leuchten.

Linker Hand, im vom Haus beschatteten Bereich des Gartens, haben die Nußers Rhododendren, Azaleen, Pfingstrosen und Clematis gepflanzt, die im Frühjahr für ein Blütenfeuerwerk sorgen. Zwei große Buchskugeln geben dem in der übrigen Zeit vornehmlich grün dominierten Gartenteil Struktur. Die Strauchrosen 'Königin von Dänemark' und 'Nuits de Young', umwoben von Glockenblumen *(Campanula)*, leiten in einen sonnigeren Bereich über. Im Hintergrund dient eine rosafarbene alte Tür, die Edith Nußer aus einem Abrisshaus geborgen hat, als Zaunelement. Hier haben die Nußers einen kleinen Sitzplatz eingerichtet. Die weißen Klappstühle, die sich so intensiv von dem dunklen Grün der Rhododendren abheben, hat die Gärtnerin inzwischen himbeerrot gestrichen, früher waren sie einmal lavendelblau.

OBEN Das ist Ediths Lieblingsecke, in der sie ihr gestalterisches Talent so richtig ausleben darf. Das Fenster stammt aus einer Abbruchvilla und wurde in die Pergola integriert. Aus Biberschwanz-Dachziegeln hat die Malerin hübsche Leuchter entworfen, die Tisch-Dekoration wird je nach Jahreszeit saisongerecht gestaltet.

LINKS Auf der Westseite des Hauses entwickelt sich mannshoher Rittersporn *(Delphinium)* prächtig. Er steht bereits seit zehn Jahren an ein und demselben Platz und wurde aus Samen gezogen. Links dahinter lugt neugierig die rosa Rose 'Super Fairy' hervor.

OBEN Aus verwitterten Holzbrettern und einem Krönchenspiegel hat Rudi Nußer den Glockenblumen und der pinkfarbenen Rose einen charmanten Hintergrund verliehen. Links unten, ganz versteckt, lugt die »Hüterin des Hauses« hervor, eine weitere Keramik des Künstlers.

UNTEN Rudi Nußer hat seine Keramiken dem Blau des Rittersporns angepasst. Seine Frau arrangiert die Werke ihres Mannes gekonnt und mit viel Gespür zu kleinen Stillleben.

An die 80 Rosensorten blühen in diesem Garten in Rosa, Purpur und Magenta und klettern an Bögen und Pergolen, die der Gärtner selbst geschmiedet oder aus Holz gebaut hat, empor. Ein kleiner heller Schuppen dient im Osten des Gartens der Lagerung von Gerätschaften und all dem, was man sonst noch im Garten braucht. An den Wänden hängen Leuchter, die aus farbig glasierten und mit Spiegeln beklebten Biberschwanz-Dachziegeln gefertigt wurden. Im Schatten einer großen Buchskugel rekelt sich die »Sonnenanbeterin«, eine von Rudi Nußer getöpferte und in edlem Graublau glasierte Figur. Stelen aus hellblau gestrichenen Zaunelementen tragen abstrakte Masken.

EIN LAUSCHIGER SITZPLATZ befindet sich auf der nach Süden zeigenden Seite des Schuppens unter einer Pergola, die mit Clematis und der Ramblerrose 'Bobby James' berankt ist. Ein Stapel verwitterter Klinker wurde mit einer Marmorplatte bedeckt und dient als Ausstellungsfläche für kleine keramische Objekte aus der Werkstatt Rudi Nußers. Darüber hängt ein von ihm geschmiedeter Leuchter, den seine Frau mit Kristallen verziert hat. Zwei mit schlichten Einlegeplatten aus Holz reparierte Korbstühle vermitteln entspannten »Shabby Chic«. Und sonst eher spießig wirkende Fleißige Lieschen *(Impatiens)* sorgen für einen frechen knallpinken Farbeffekt in einem dunklen Ensemble, das sich vor einer zurückhaltend grauen Wand aus Altholzbohlen kontraststark abhebt. Rechts und links davon bilden bemalte Biberschwanz-Dachziegel die Verzierung.

An diesen geschützten Sitzplatz schließt der von den Gärtnern selbst entworfene und gebaute »Wasserfallbrunnen« an, eine ausgeklügelte Glaskonstruktion. Ganz oben sprudelt aus einem getöpferten Löwenkopf Wasser auf ein Glasdach, um von dort wie ein Vorhang in das Brunnenbecken zu fallen. Die Sonnenstrahlen werden vom Wasser, vom Glas und von Spiegeln reflektiert, was für besondere Glitzereffekte sorgt. In kleinen Beeten neben dem Brunnen greifen mannshohe Ritterspornkerzen in Himmelblau, Azur und Tiefviolett die Farbe des Wassers auf.

Der Weg führt nun auf der Südseite des Gartens am Haus entlang. Die weiße Fassade mit den frischgrünen Fensterläden wird berankt von einer Glyzine. Abwechselnd mit einigen Rosen stehen Kübel mit mediterranen Kräutern vor der Hauswand und sorgen für südliches Flair. Vom Inneren des Hauses führt eine Terrassentür zu einem überdachten Sitzplatz, der teilweise von der Ramblerrose 'Ghislaine de Féligonde' beschattet wird, deren aparte aprikotfarbene Blüten cremeweiß verblassen. Rudi Nußer hat eine kleine Mauer zur Gartenseite hin hochgezogen und den Boden mit Holz belegt – so wirkt der Platz noch heimeliger. Farblich dominieren derzeit das Kirschrot der Stuhlkissen und des Sonnensegels den Sitzplatz, den Edith Nußer regelmäßig mit frischen Blumengebinden aufpeppt, was ihr den Kosenamen »Deko-Lady« eingebracht hat.

AN DER WESTSEITE DES HAUSES trifft man auf eine große Pergola aus grau verwittertem Holz, umspielt von den Kletterrosen 'Jasmina' und 'Maria Lisa'. Hier haben die Nußers einen

RECHTS Efeu verwandelt den Teil des Gartens auf der sonnenabgewandten Seite des Hauses in ein immergrünes Refugium. Er gibt den Blick durch einen schmalen Durchgang frei auf die beiden Rosen 'Mozart' (links) und 'Rosarium Uetersen' (rechts). Zwei alte Fenster wurden mit Spiegeln versehen und verleihen dem kleinen Raum Tiefe.

weiteren originellen Sitzplatz geschaffen: Eines Tages rettete die Gärtnerin mit der Leidenschaft für Trödel alte Fensterflügel vor dem endgültigen Verfall, ohne recht zu wissen, was sie damit anfangen wollte. Zu Hause angekommen, entdeckte sie, dass diese sich haargenau in die Seitenteile der Pergola einfügten. Dort sorgen sie seither für den verblüffenden Effekt, dass man im Freien sitzt und dennoch das Gefühl hat, durchs Fenster nach draußen zu gucken. Der Pergolaplatz ist möbliert mit einem Biertisch und zwei Klappstühlen, die sicher schon häufig ihre Farbe gewechselt haben – gerade sind sie korallenrot und harmonieren mit der feinen gelben Blüte des Frauenmantels, der sich rund um den Sitzplatz ausbreiten darf. Etliche Keramikarbeiten geben einen Einblick in die Schaffenswelt des Künstler-Paares.

Der Garten der Nußers dient auch als »showroom« für Bilder und Skulpturen. Auf einer selbst gebauten Bank aus Eisen, die mit Biberschwänzen belegt ist, präsentiert Edith Nußer ihr in Acryl gemaltes Lieblingsbild, das einen Rosenstrauß in einem blauen Krug zeigt und einen Apfel. Dazu passen die im Hintergrund arrangierten blauen Keramikstelen ihres Mannes. In der Mitte des kleinen Gartenraumes auf der Westseite des Hauses befindet sich ein mit einer Eisenborte umkleideter Betonring, in dem rosa schimmernder Seidenmohn bis in den Spätherbst hinein blüht. Auf einer langen Eisenstange thront ein selbst gebautes Vogelhaus. Ein paar Schritte noch und man ist wieder am Ausgangspunkt des Gartenrundgangs angelangt. Jetzt wäre es eine gute Gelegenheit, einen Abstecher ins Atelier von Edith Nußer zu unternehmen.

Mit eisernem Willen und viel Gespür für Pflanzen

GESTALTER	EIGENENTWURF
GRÖSSE	12.000 QM
KENNZEICHEN	RIESIGER HANGGARTEN MIT VERSCHIEDENEN MIKROKLIMAZONEN UND KIESGARTEN

~ DER GARTEN VON DOROTHEA BÖHMIG

Wo einst ein bäuerlicher Gutsbetrieb mit etlichen Bediensteten ansässig war, lebt Dorothea Böhmig heute allein mit ihren vier Katzen. Geplant war alles ganz anders: 1996 erfüllte sie sich zusammen mit ihrem Mann einen Traum und erwarb einen alten, auf freier Flur liegenden Vierseithof, ein altes Bauerngut mit viel Grund und riesigen Gebäuden. Diese waren jedoch sanierungsbedürftig und gut anderthalb Jahre investierte das Ehepaar jede freie Stunde, um die alten Gemäuer wieder in einen ansehnlichen Zustand zu versetzen. Das abbruchreife Wohnhaus musste vollständig neu aufgebaut werden. Dann erkrankte der Ehemann schwer und zwei Wochen nach dem ersehnten Einzug ins neue Heim verstarb er.

Seither hält Dorothea Böhmig das fast zwei Hektar große Grundstück allein in Schuss. Die viele Arbeit war das Einzige, was die Trauer erträglicher machte. So nahm sie den Kampf mit Disteln und Brennnesseln auf. Obwohl das Grundstück im Zuge der Renovierungsarbeiten bereits terrassiert und durch Mauern abgefangen war, gab es noch etliche Hänge mit steilen Neigungen, die sie beinahe zur Verzweiflung brachten, denn selbst mit einem schweren Rasentraktor drohte sie wiederholt umzukippen. So fasste sie den Entschluss, diese steilen Partien zu bepflanzen. Ein weiterer Kraftakt, der dem Garten schließlich sein heutiges Gesicht verlieh.

»ALLES, WAS GEGEN DIE NATUR IST, HAT AUF DIE DAUER KEINEN BESTAND.«

CHARLES DARWIN

RECHTS Die Bepflanzung dieses Hanges mit Japan-Anemonen, Sonnenhut und Gartenreitgras *(Calamagrostis acutiflora* 'Karl Foerster') fängt das Feuerwerk des Herbstes vor dem Finale ein. Dazwischen leuchtet Bleiwurz *(Ceratostigma plumbaginoides)* als Bodendecker mit enzianblauen Blüten.

UM DIE DIMENSIONEN ZU VERDEUTLICHEN, in denen die Apothekerin gärtnert, muss man zu Vergleichen greifen: Allein in den Innenhof ihres Anwesens würden zehn typische Reihenhausgärten passen. Umgrenzt von Scheune, Stallungen und Wohnhaus liegt der Hof vor kaltem Wind geschützt, dort herrscht geradezu mediterranes Klima. Eine stattliche Korkenzieher-Hasel *(Corylus avellana* 'Contorta') ziert die Mitte als Solitär. Die Gebäudewände sind berankt von Wildem Wein *(Parthenocissus)*, Clematis *(Clematis)*, Geißblatt *(Lonicera)* und einigen Rosen. Auf der Nordseite heftet sich eine Kletter-Hortensie *(Hydrangea petiolaris)* an die freundlich hellgelb getünchten Wände. Im Kiesbeet zu Füßen der Kletterer breiten sich Lavendelstauden *(Lavandula angustifolia)* aus und verströmen im Sommer ihren frisch herben Duft. Die bunte Pflasterung mit Granit, Katzenköpfen und einer Schotterkiesdecke lässt die großen Flächen lebendiger wirken. Obgleich sie ihren Garten leidenschaftlich liebt, ist doch der Hof der bevorzugte Ort von Dorothea Böhmig, wenn sie mit Freunden ein Fest feiern möchte. Dort entsteht eine ganz besondere Atmosphäre, wenn es Nacht wird, während Kerzen und Feuerschalen leuchten, während gegrillt, gegessen und getrunken wird.

Ein Spaziergang durch Dorothea Böhmigs Reich braucht Zeit. Durch einen rosenberankten Torbogen, vorbei an den leuchtend roten Kerzen des Kerzen-Knöterichs *(Bistorta amplexicaulis)* und an eleganten Funkien *(Hosta)*, geht es in den nördlichen Teil des Gartens, an dessen Rand ein wildromantischer Teich zu finden ist. Ursprünglich tummelten sich dort im lichten Schatten einmal

OBEN Dieses Beet nennt Dorothea Böhmig ihren »Geröllgarten«. Hier gedeihen Gräser, die mit kargen Böden klarkommen: Lampenputzergras *(Pennisetum alopecuroides)* vorne, dahinter Gartenreitgras *(Calamagrostis acutifolia)*, rechts Riesen-Federgras *(Stipa gigantea)*.

LINKS Der Kiesgarten beherbergt viele graulaubige Pflanzen wie die Edelraute *(Artemisia ludoviciana)*, Blaustrahlhafer *(Helictotrichon)*, verschiedene Garben *(Achillea)*, Fetthenne *(Sedum)* und Gamander *(Teucrium hircanicum)*. Im Hintergrund erhebt sich die zartblaue Herzblatt-Aster *(Aster macrophyllus* 'Twilight') sowie das Gartenreitgras.

OBEN Am obersten Ende des Grundstücks befindet sich ein kleiner Teich. Weithin leuchten am Ufer die roten Blüten des Kerzen-Knöterichs *(Bistorta amplexicaulis)*, überragt von riesigem Purpurdost *(Eupatorium maculatum* 'Atropurpureum'). Japanische Schwertlilien *(Iris ensata)* kühlen die Füße im Wasser. Auf der Oberfläche schwimmen die Blätter von Seerosen und Mummeln *(Nuphar)*.

UNTEN Im Schattenbereich auf der obersten Etage des Gartens bringen die weißen Blüten der Funkie *Hosta plantaginea* Helligkeit in dunkle Bereiche, daneben Funkien mit weiß panaschiertem Laub.

14 Enten – mit der Zeit holte sie alle der Fuchs. Dass ein Betonbecken den eigentlichen Teichkörper bildet, ist dank der geschickten Bepflanzung des Uferbereichs mit Funkien *(Hosta)*, Gräsern und anderen Blattschmuckstauden kaum zu erkennen. Die in Körbe gesetzten Seerosen *(Nymphaea)* und Sumpf-Schwertlilien *(Iris pseudacorus)* tragen zum natürlichen Eindruck bei. An dem groben Feldsteinmauerwerk der Scheune vorbei, geht es zurück zu einem direkt vor dem Wohnhaus angelegten Rasenstück.

DORT UNTER DEM HAUSBAUM, einer beeindruckenden Kastanie mit ausladender Krone, hat Dorothea Böhmig eine kleine Sitzgruppe aufgestellt. Ein wenig sorgt man sich um das Schicksal des alten Baumes, der von der Miniermotte heimgesucht wurde und zu früh im Jahr sein Laub verlieren wird. Doch wer bei einer leichten Brise im Schatten der Kastanie sitzt und seinen Blick über den sonnenverwöhnten Böhmig'schen Garten wandern lässt, wird solch trübe Gedanken rasch vergessen. In unmittelbarer Nähe des Sitzplatzes hat die Hausherrin ein buntes Beet mit Sonnenhut *(Rudbeckia)*, Japan-Anemonen *(Anemone* x *hybrida)* und verschiedenen Gräsern angelegt, deren Ähren fröhlich im Licht der Sonne tanzen. Darüber hinweg schaut man in die Weite der landwirtschaftlich geprägten Landschaft bis über das nächste Dorf hinaus.

Gleich hinter diesem Beet ginge es rasant bergab, hätte nicht die Hausherrin ihren Garten in mehrere Ebenen gegliedert, was ihm seine charakteristische Prägung gibt. Dies geschah übrigens nicht aus ästhetischen Erwägungen, sondern vielmehr aufgrund der praktischen Erfahrung, dass der Hang sonst nur schwer zu halten und noch schwerer zu befahren und zu bearbeiten gewesen wäre. Eine massive Treppe führt zwischen mannshoch blühenden Gräsern hindurch zur ersten von vier Terrassen. In den Ritzen der aus schwerem Granit gefügten Stützmauer haben trockenheitsverträgliche Steingartenpflanzen, wie das weithin gelb leuchtende Felsen-Steinkraut *(Aurinia saxatilis)*, optimale Bedingungen gefunden, um ihre Blütenpracht zu entfalten.

EIN ALPINER KIESGARTEN erstreckt sich vom Fuße dieser Mauer aus nach Westen hin in voller Sonne. Hier finden trockenheitsverträgliche Stauden wie Fetthenne *(Sedum)*, Kaukasus-Gamander *(Teucrium hircanicum)*, kornblumenblaue Bartblume *(Caryopteris* x *clandonensis)* und empfindliche Säckelblumen *(Ceanothus)* ihren Platz, die an der Wärme speichernden Wand geschützt stehen. Nicht nach Farben oder Formen, sondern nach den natürlichen Lebensbedürfnissen der Pflanzen gestaltet die botanisch versierte Apothekerin ihren Garten, der zugleich auch Lebensraum für Echsen und die in Deutschland seltene Aeskulapnatter bietet.

Bereits als Kind entwickelte Dorothea Böhmig ihr Interesse an den Naturwissenschaften. Während ihres Studiums der Pharmakologie stand Botanik auf dem Lehrplan, so konnte sie sich ein umfangreiches Wissen über die Lebenswelt der Pflanzen aneignen. Für die resolute Gärtnerin stand damit fest, dass sie ihre Beete

RECHTS Der Durchgang, gerahmt von einer Kletterhortensie (*Hydrangea petiolaris)*, gibt den Blick auf den wunderschönen Innenhof frei. Kerzen-Knöterich der Sorte 'Firetail' dominiert das Bild – eine äußerst dankbare Pflanze, die bis zum Frost blüht.

nicht nach Farbschemata gestalten oder mit exotischen Raritäten bestücken, sondern natürlich und standortgerecht bepflanzen möchte.

ZUR NÄCHSTEN ETAGE geht es über schmale Porphyrwege hinab. Dorothea Böhmig nennt sie den »Clematisgarten«, denn die Stützmauer wird berankt von robusten *Clematis*-Viticella- und *C.*-Alpina-Hybriden. Rechts und links des Weges blühen zahlreiche sonnenverträgliche Hortensiensorten *(Hydrangea)*, Sonnenhüte *(Rudbeckia)* und Astern *(Aster),* ohne sich um Regeln des Farbdesigns zu kümmern. Genau das macht den besonderen Charme dieser ein wenig zufällig und damit leicht und ausgelassen wirkenden Bepflanzung aus.

Zur nächsttiefer gelegenen Terrasse hin führt eine steile Treppe den Besucher durch den lichten Schatten großer alter Bäume. Eine hüfthohe, von der Hausherrin selbst aufgeschichtete Trockenmauer teilt die Ebene in zwei Höhenabschnitte und wirkt dank ihrer Rundungen und Vorsprünge wie organisch gewachsen, ja geradezu ein wenig verspielt in der sonst eher strengen Anlage. Im Frühjahr ist dies hier der schönste Platz im Garten, denn er ist das Reich der Tulpen, Narzissen und anderen Frühblüher. Dazwischen setzen Vergissmeinnicht *(Myosotis)* verträumt filigrane Akzente.

DIE UNTERSTE EBENE schließlich ist den Rosen gewidmet: Nach einem weiteren Abstieg eröffnet sich ein Gartenraum, der ähnlich wie ein traditioneller Bauerngarten durch sechs Buchsfelder gegliedert wird, in denen jedoch kein Gemüse, sondern zwischen Lampenputzergras *(Pennisetum alupecuroides)* diverse Rosensorten wachsen, darunter 'Ghislaine de Féligonde', 'Rose de Resht', 'Fatin Latour' und 'Mme. Hardy', eine hübsche weiße Rose mit apartem grünem Auge. Nach Süden hin grenzen am unteren Rand dieses Gartenabschnittes landwirtschaftlich genutzte Felder an, nach Osten hin erstreckt sich eine etwa 5000 Quadratmeter große Streuobstwiese, die noch zum Böhmig'schen Anwesen gehört.

Doch auch damit ist noch immer nicht alles gesehen, was der Garten zu bieten hat: Zurück zum Clematisgarten, führt links an den Terrassen vorbei ein mit Holzschwellen belegter Weg. Durch schattige Bereiche geht es hinauf zum »Gipfelgarten« und damit – wie der Name unschwer erraten lässt – zum höchsten Punkt auf dem Grundstück. Umgeben vom frischen Grün einiger Farne steht hier eine einladende Bank. Nach der Tour durch den Garten, die durchaus als kleine Wanderung bezeichnet werden kann, bietet sie einen idealen Rastplatz sowie einen traumhaften Blick über das ganze umgebende Land.

Mit vereinten Kräften vom Steilhang zum Traumgarten

GESTALTER	EIGENENTWURF
GRÖSSE	1100 QM
KENNZEICHEN	ELEGANTER, FORMALER ROSENGARTEN AM STEILEN SÜDHANG

~ DER GARTEN VON INGA UND JOSEF ASCHENBRENNER

Alles geht Hand in Hand, wenn Inga und Josef Aschenbrenner gemeinsam im Garten arbeiten. Nur mit vereinten Kräften haben die beiden ihren Traumgarten verwirklicht. Inga hat die Begabung, ein besonderes Ambiente zu schaffen, drinnen im Haus wie auch draußen im Garten. Ihre Beetkompositionen und Topfkreationen sind stets von Harmonie geprägt und zeugen von einem Gespür für Farben und Formen. Sie kann sich stundenlang, ja sogar tagelang mit einem Arrangement beschäftigen, rückt morgens ein Töpfchen nach links, um es am Abend ein paar Zentimeter nach rechts zu verschieben. Obwohl sie sich noch nie mit der Lehre des Feng Shui befasst hat, scheint es, als habe sie die Prinzipien verinnerlicht, was jedoch auf eine natürliche Intuition zurückzuführen ist.

Josef ist eher praktisch veranlagt und besitzt zudem handwerkliches Geschick. Alle Rankhilfen hat er selbst gefertigt, auch die Lauben und Pergolen tragen seine Handschrift. Um seine Fähigkeiten auszubauen, belegte er in den Abendstunden einen Schweißkurs in der Volkshochschule. Seither ist er oftmals mit Schutzbrille und Schweißapparat im Garten anzutreffen. Er ist es auch, der die tiefen Pflanzlöcher gräbt, Wege und Treppen pflastert und die Steine für die zahlreichen Mauern herankarrt. So ergänzen sich die beiden und meistern zusammen die Herausforderungen, die ein steiles Hanggrundstück mit sich bringt.

»BLUMEN SIND DIE LIEBESGEDANKEN DER NATUR.«

BETTINA VON ARNIM

RECHTS Die rosafarbene, stark gefüllt blühende Kletterrose 'Constance Spry' gedeiht gut im Halbschatten auf der Nordseite des Hauses und rahmt den Blick in den Gemüsegarten. An diesem idyllischen Sitzplatz lässt sich der Garten auch an heißen Tagen genießen.

VOR ÜBER 25 JAHREN, als die Grundstückssuche begann, standen gleich mehrere zur Wahl. Inga und Josef Aschenbrenner entschieden sich für ein Gelände in Südhanglage, denn Inga hatte die Vorstellung, es lasse sich abwechslungsreicher und interessanter gestalten als ein Garten auf ebener Fläche. Nachdem der Hausbau im Jahre 1987 abgeschlossen war, wagten sich die beiden an die Geländemodellierung. Kein leichtes Unterfangen bei einem Gefälle von 30 Prozent!

Um den Hang vor dem Abrutschen zu bewahren, pflanzten sie auf einer Länge von 25 Metern Unmengen von Wildsträuchern und vermeintlich niedrigen Bäumchen. Diese entwickelten sich prächtig und binnen kurzer Zeit ähnelte der Hang eher einem Dschungel als einem wohlgeordneten Hain. Josef versuchte vergeblich, dem Wildwuchs mit der Astschere Einhalt zu gebieten. Schließlich entschieden sich die beiden zu einer Rodung und setzten im zweiten Anlauf kleine Obstbäume, sogenannte Spindelbüsche, die sich jedoch in den Folgejahren zu riesigen Solitärbäumen entwickelten. Da die quer zum Hang angebrachten Holzpalisaden nun auch noch anfingen zu rutschen und die obere Rasenkante der Fläche vor dem Haus ständig abzubrechen drohte, musste eine bessere Lösung gefunden werden. Eine Gabionenmauer brachte schließlich den gewünschten Erfolg. Sie sichert seither den oberen Bereich des Hanges, die Beetkante wurde dadurch erfolgreich stabilisiert.

Die Plackerei hatte jedoch noch immer kein Ende, denn auch die untere Hälfte des Steilhanges musste gesichert werden.

OBEN In mühsamer Handarbeit wurden unzählige Natursteine zu Trockenmauern aufeinandergeschlichtet, um dem steilen Südhang ebene Flächen abzugewinnen. Auf den einzelnen Terrassen gedeihen nun Beerensträucher nebst sonnenhungrigen Blütenstauden.

LINKS Formvollendete Buchsbänder mit Buchskugeln verleihen dem Garten seine elegante Note. Das Frühlingsbild in diesem Gartenbereich dominiert ein knorriger Kirschbaum, der sich in puncto Blühfreudigkeit mit dem rechts daneben stehenden Apfelbaum 'Brünnerling' einen Wettstreit liefert.

OBEN Die Hausfassade wurde beinahe gänzlich von der weißen Ramblerrose 'Lykkefund' (links) und der Märchenrose 'Alchymist' vereinnahmt. Strauchrosen wie die kräftig pinkfarbene 'Mme. Isaac Pereire' (links) und 'Louise Odier' (rechts) in Rosa ergänzen die Kletterrosen farblich perfekt.

UNTEN Rosen wie 'Ghislaine de Féligonde' und die weiße Büschel-Rose *(Rosa multiflora)* umgarnen mit ihren langen Trieben den Eingangsbereich. Weiß blühender Storchschnabel und Lavendelheide schmücken das stilvolle Topfarrangement neben der Gartenbank.

Dazu wurden über 50 Tonnen Steine aus örtlichen Granitwerken zu drei parallel verlaufenden Trockenmauern verarbeitet. Josef war unermüdlich mit der Schubkarre im Einsatz und schleppte die Steine herbei, die von einer Gartenbaufirma zu Trockenmauern verarbeitet wurden. Endlich war es geschafft, und nun durfte Inga Hand anlegen.

DANK IHRES GESTALTERISCHEN TALENTS ist aus der einstmals wildwüchsigen Hangbepflanzung eine mediterran anmutende Terrassenlandschaft entstanden. Nun sorgen aufrecht wachsende Eiben für eine ausgewogene vertikale Ausrichtung, sonnenhungrige Stauden bringen Farbe und Heiterkeit in die Hangbeete. Auch für den Gaumen ist gesorgt! Auf schmalen Pfaden, Serpentinen gleich, wandelt man an Weinreben vorbei, um sich dann an Beerensträuchern und Spalierobstbäumen zu laben.

Ein schmale Natursteintreppe geleitet zum ersten Plateau hinauf, das dem Berg mühsam abgerungen wurde. An der Giebelseite des Landhauses entstand, um eine äußerst gepflegte Rasenfläche, ein gut strukturiertes Gartenkabinett. Breite, geschwungene Buchsbänder geben prall gefüllten Staudenbeeten Halt und sorgen auch im Winter für Struktur. Den Winteraspekt hat Inga bei ihrer Gartenplanung von Anfang an mit einbezogen. Durch die zahlreichen immergrünen Gehölze, wie Buchs *(Buxus)*, Ilex *(Ilex)* und Eiben *(Taxus)*, bewahrt der Garten auch in der vierten Jahreszeit seine repräsentative Architektonik. Im Sommer jedoch sollten es vorrangig Rosen sein, die ihrem Reich eine romantische Ausstrahlung verleihen. 'Lykkefund', ein mächtiger Rambler mit zierlichen weißen Blüten, hat inzwischen die gesamte Länge des Balkons vereinnahmt. An der Hauswand nebenan hat sich die purpurviolette Clematis 'Mary Rose' mit der lachsfarbenen Kletterrose 'Alchymist' vermählt. Letztere erinnert mit ihren dicht gefüllten und verführerisch duftenden Blüten an historische Rosensorten. Eine große und reichlich verzierte Laube bildet rechterhand den Abschluss dieses Gartenraumes.

Etliche Wochen hat Josef benötigt, um aus Eisenstreben und vielen verschnörkelten Einzelteilen dieses kleine Kunstwerk zu schaffen. Die Laube bietet ausreichend Platz für eine illustre Gästeschar, die sicherlich nichts dagegen hat, unter dem Baldachin der Ramblerrose 'Paul's Himalayan Musk' zu schwelgen. Den Eingangsbereich dominiert ein perfektes Arrangement von stattlichen Buchskugeln, dazwischen hat Inga ein stilvolles Tongefäß inszeniert, das dem Ganzen eine edle Note verleiht. Große Keramiken vermitteln in diesem relativ kleinen Garten ein Gefühl von Großzügigkeit und beschwören ganz nebenbei noch ein mediterranes Lebensgefühl herauf. Über einen Treppenaufgang auf der westlichen Seite des Wohnhauses ist die letzte Etage des Gartens zu erobern. Man schreitet unter Obstbäumen über eine stetig ansteigende Natursteintreppe hinauf ins Himmelreich.

IM HÖCHSTGELEGENEN GARTENTEIL kommt der Gourmet auf seine Kosten. Das Gemüse steht dort in Reih und Glied, die Salatköpfe werden gar nach einem Farbprinzip ange-

RECHTS Unbestrittener Höhepunkt im zeitigen Frühling ist die weiß blühende Glyzine im Buchsrondell inmitten des Gemüsegartens. Der Hausherr hat ihr ein Rankgerüst in Form eines Regenschirms geschmiedet, das dem Kletterer den nötigen Halt verleiht.

ordnet. Auf limitierter Fläche wird eine breite Palette von Köstlichkeiten präsentiert, die natürlich auch hin und wieder eine Schnecke verführt. Sicher bedarf es einer sehr ausgeklügelten Planung, um solch eine harmonische Anordnung zu erreichen. Hier gelten gärtnerisch-künstlerische Ansprüche, um ein möglichst perfektes Gesamtbild zu erlangen.

Alte Ziegelsteine, über Jahre »gereift«, wurden zu kleinen Wegen verlegt, um die Ernte- und Pflegemaßnahmen zu erleichtern. Im Frühsommer bildet eine mittig platzierte Glyzine den unbestrittenen Höhepunkt des Gemüsegärtchens. Sie klettert an einem Rankgerüst empor, das an die Form eines Regenschirmes erinnert. Im Frühsommer raubt sie mit ihren duftenden, langen weißen Blüten dem Salat die Show. Auch hier wollte Inga für Romantik sorgen und hat sich eine besondere Konstruktion ausgedacht. Auf dem umgebenden Holzzaun, der die Leckereien vor den Waldbewohnern schützt, sollten in Abständen von ca. 1,50 Metern Eisenbögen verankert werden. Es funktionierte und seither ranken Rosen wie 'Veilchenblau', 'Guirlande d'Amour' nebst weiteren Kletterern an den Bögen und vereinen sich dort zu einem farbenfrohen und duftenden Hintergrund.

UM DEN HÖHENUNTERSCHIED auszugleichen, musste auch um den Gemüsegarten vom Hausherrn eine kleine Natursteinmauer errichtet werden. Vorbei an symmetrisch angeordneten Buchskugeln schreitet man auf eine idyllische Teichlandschaft zu. Windgeschützt in den Nischen des Hauses, ähnelt sie einem kleinen, heimelig wirkenden Atriumgarten. Libellen mit irisierenden Farben halten am Wasser ein und beobachten die Frösche beim abendlichen Konzert. Wohlgenährte Funkien *(Hosta)* und mächtiges Schaublatt *(Rodgersia)* kämpfen um einen Logenplatz am Wasser. Wenn die Sonne zum Ausklang des Tages ihre letzten warmen Strahlen schickt, lässt sich Inga gerne mit Enkelkind Lea Maria an ihrem Lieblingsplätzchen nieder, um das kontemplative Schauspiel zu genießen.

FÜR SITZGELEGENHEIT IST REICHLICH gesorgt, gleich an drei Seiten laden Bänke und dekorative Eisenstühlchen zum Verweilen ein. An der Hausmauer gibt es reichlich Topfkultur. Holzgefäße und Zinkwannen wurden mit Farnkraut und der Schneeball-Hortensie *(Hydrangea arborescens)* 'Annabelle' bestückt. All diese Kübel dürfen im Winter draußen stehen bleiben und müssen nicht wie so viele andere Kübelpflanzen mühsam ins Winterquartier geräumt werden. 'Annabelle' wird im Herbst auf Handbreite zugeschnitten und erfreut dann im nächsten Jahr erneut mit riesigen weißen Blütenbällen. »Dieses Fleckchen haben wir uns hart erkämpft«, erzählt Inga Aschenbrenner. Denn auch dort drohte der Hang abzukippen und musste mit massiven Palisaden gestützt werden. Tonnen von Lehm wurden von Hand bewegt – eine kräftezehrende Arbeit. Doch denn der Einsatz von Baumaschinen war aufgrund der abbrechenden Wiesenkante unmöglich. Schließlich haben es die beiden doch geschafft, diesen steilen Berg zu zähmen. Ihr Durchhaltevermögen hat sich gelohnt!

Wenn Männer zu Gärtnern werden

GESTALTER	EIGENENTWURF
GRÖSSE	3500 QM
KENNZEICHEN	BUNTER SOMMERGARTEN MIT BLUMEN- UND GEMÜSEBEETEN

~ DER GARTEN VON ULI MAUCHER UND THOMAS PROMMERSBERGER

Inmitten sanft hügeliger Wiesen- und Waldlandschaft entdeckten Uli Maucher und Thomas Prommersberger im Jahre 1999 ein altes vollkommen verwahrlostes Gehöft. Verfallene Schuppen und ein verwilderter Garten boten zunächst einen trostlosen Anblick. Einzig der Brunnen vor dem Haus plätscherte munter dahin, der spätere Quell allen Lebens. Ohne Stromversorgung und Wasseranschluss machten sich die beiden an die Renovierung des Hauses und später an die Modellierung des 3500 Quadratmeter großen Gartens. Dank der Zustimmung des Vermieters wurde das Gartenareal beständig erweitert. Selbstverwirklichung war von Anbeginn das oberste Ziel.

Seither verbringen die beiden Vollzeit-Erwerbstätigen jede freie Minute in ihrem ländlich geprägten Garten. Uli, der Ruhigere, ist mehr für die verspielte Romantik des Blumengartens zuständig. Thomas, der Jüngere und Energischere, herrscht über den Gemüsegarten. Nutzpflanzen werden oftmals mit dem Maßband gesetzt, wohingegen der florale Gartenbereich an Natürlichkeit und Leichtigkeit kaum zu überbieten ist. Somit ergänzen sich die beiden und schmieden munter immer neue Pläne. Dank ihres Gartens haben sich die »Zugezogenen« im Ort inzwischen fest integriert. Ihr grünes Reich ist bei vielen Gelegenheiten Anlaufstelle und am »Tag der offenen Gartenpforte« ein beliebtes Ziel.

»FARBEN SIND DAS LÄCHELN DER NATUR UND BLUMEN SIND IHR LACHEN.«

JAMES HENRY LEIGH HUNT

RECHTS Diese starken und satten Farben können nur einjährige Sommerblumen bieten, die sich für eine Saison verausgaben! Die Abendsonne bringt hier pinkfarbene Spinnenblumen, gelbe Rudbeckien und blaue Kornblumen zum Leuchten.

DER LÄNDLICH GEPRÄGTE GARTEN von Thomas und Uli inmitten einer idyllisch gelegenen Wald- und Wiesenlandschaft ist nicht zu übersehen. Den Pflanzen scheint es hier besonders zu gefallen, denn nur selten findet man so eine überbordende und fröhliche Sommerblumenbepflanzung, wie es auf diesem Fleckchen Erde der Fall ist. Bereits ein Blick über den Gartenzaun verrät: Hier gibt die Natur den Ton an. Tritt man aus der Waldlichtung hervor, rückt zuerst das ländliche Wohnhaus mit den angrenzenden Stallungen ins Visier. Linker Hand ein kleines Bauerngärtchen, das sich »Ulis Garten« nennt, es zeugt von seinem handwerklichen Geschick und seinen praktischen Ideen.

Für die Einfriedung verwendete er eingekürzte Haselnussstöcke, die er an zwei langen Latten befestigt und zu rustikalen Zaunelementen verarbeitet hat. Hier herrscht munteres Treiben: Bienen schlüpfen eifrig in die behaarten Blütenkelche des Fingerhuts *(Digitalis purpurea)*, Schmetterlinge naschen an den sonnenverwöhnten Kräutern, während sich mannshohe Stockrosen *(Alcea rosea)* mit den alten Iris-Sorten zu einem bunt gemischten Vielerlei vermengen. Die gesamte Gartenanlage ist nach dem Prinzip entstanden: »Alles, was herumliegt, wird verwendet«. Davon zeugt auch das Güllefass, zwar betagt, aber es hat noch keine besseren Zeiten gesehen als hier an der Hauswand. Bepflanzt mit Lavendel *(Lavandula angustifolia)* und Thymian *(Thymus)*, genießt es ein beschauliches Dasein. In diesem Garten braucht es keine teuren und edlen Garten-Accessoires, sie wären gänzlich fehl am Platze. Der verrostete Küchenherd, mit Hauswurz *(Sempervivum)* be-

OBEN Der Buddha genießt das kontemplative Schauspiel am Wasser und beäugt die nippenden Vögel und Tauben mit kritischem Blick. Feuchtigkeitsliebende Stauden fühlen sich am kleinen Naturteich besonders wohl.

LINKS Kohlköpfe zwischen den Einjährigen fügen sich mit ihrem Habitus gut in die fröhliche Sommerblumenszenerie ein. Roter Fuchsschwanz *(Amaranthus)*, Spinnenblumen und Tagetes bilden mit den zweijährigen Stockrosen ein stattliches Ensemble. Diese bunte Sommerblumenmischung ziehen die beiden Gärtner alljährlich aus Samen an.

OBEN Der Garten korrespondiert mit der umgebenden Wald- und Wiesenlandschaft. Gefällig fügt sich das Sommerblumenbeet mit Zinnien, Tagetes und Spinnenblumen in die ländliche Umgebung ein. Das offene Tor heißt interessierte Besucher willkommen.

UNTEN Blaukissen und Polster-Nelken gedeihen vorzüglich an und in der warmen Trockenmauer. Als kleiner Farbtupfer darf es auch mal ein Stiefmütterchen sein. Lose aufeinandergeschlichtete Feldsteine bieten Eidechsen und Salamandern Unterschlupf.

stückt, wirkt einfach umwerfend nostalgisch neben der ausgedienten Schrotmühle und der patinierten Milchzentrifuge. Mit sparsamen finanziellen Mitteln wurde hier improvisiert und es entstanden Unikate, die es nirgendwo zu kaufen gibt. Uli, der Erfinderische, kreierte aus den alten Brettern eines Abbruchhauses einen rustikalen Holzschuppen und fertigte aus Baustahl Rankhilfen an.

VOR DEM WOHNHAUS DOMINIERT eine sanft geschwungene Mauer, hierfür hat er tagelang Feldsteine gesammelt und diese lose aufeinandergeschlichtet. In den Hohlräumen haben nun Eidechsen und Salamander Wohnung bezogen. Im zeitigen Frühling ergießen sich darüber sonnenhungrige Polsterstauden wie Blaukissen *(Aubrieta)*, Nelken *(Dianthus)* und Filziges Hornkraut *(Cerastium tomentosum)*, dazwischen darf es dann als kleiner Farbtupfer auch mal ein altmodisches Stiefmütterchen *(Viola*-Wittrockiana-Hybriden) sein. Unmengen von zartgliedrigen Akeleien *(Aquilegia)* bevölkern jenen Gartenbereich im Vorfeld des Hauses. Sie mäandern frech durch den Garten und brauchen ihr ungezügeltes Temperament nicht zu verstecken.

An einer Steinbank vorbei, sorgt der zentral gelegene Gartenteich mit einer üppig zwanglosen Uferbepflanzung für Abwechslung. Neben dem dominanten Gold-Felberich *(Lysimachia punctata)* haben mächtige Funkien *(Hosta)* ein Plätzchen am Wasser ergattert. Der Buddha, der am Teich seinen Sommersitz bezogen hat, beäugt die Spiegelung des ländlich blauen Himmels auf der Wasseroberfläche und schaut den Tauben beim Baden zu. Den floralen Höhepunkt bilden jedoch die teils geschwungenen, teils geradlinig angelegten Beete mit einer Fülle von einjährigen Sommerblumen. Studentenblumen *(Tagetes)* in Gelb und Orange vermengen sich mit zinnoberroten Zinnien *(Zinnia elegans)* und aufrecht wachsenden Spinnenblumen *(Cleome spinosa)*. Dazwischen setzen Kohlköpfe und grüner Salat Akzente. Später gesellen sich farbintensive Dahlien *(Dahlia)* hinzu. Die feurige Mexikanerin ist inzwischen mit mehr als 100 Sorten in diesem Garten vertreten. Bei den Dahlien kann Thomas einfach nicht widerstehen, jedes Jahr nimmt er sich vor, sein Sammelfieber im Zaum zu halten. 'Lila Diamant', eine ganz alte Sorte, misst sich mit der robusten 'Lady Darlene'. 'Otto's Thrill' der Größte und 'Ludwig Helfert' der Leuchtende sorgen für männlichen Charme.

Die beiden Gartenenthusiasten haben jedem Gartenzimmer einen besonderen Namen zugewiesen. Einer ist der Garten der »Frau«. Eine mächtige weibliche Skulptur aus Juragestein erhebt sich dort zur unbestrittenen Hauptdarstellerin. Umrankt von einer rosa Kletterrose liegt ihr die ganze Fülle des Sommers zu Füßen. Man wähnt sich im Herzstück des Gartens, wird aber schnell eines Besseren belehrt.

ZUM ÜPPIGEN NUTZGARTEN führen sattgrüne Rasenwege, durchwebt von niedlichen Gänseblümchen. Während Uli seine Beete locker und leger gestaltet, arbeitet Thomas mit Maßband und Schnur. In strenger Anordnung gedeiht hier eine Vielzahl von Salaten in allen erdenklichen Farben und Formen. Lauchzwie-

RECHTS Der Frühlingsgarten wird von zahlreichen Akeleien bevölkert. Ihrem Ausbreitungsdrang wird in diesem Garten nicht Einhalt geboten. Sie dürfen sich frei entfalten und sorgen für Leichtigkeit. Der Storchschnabel *(Geranium* 'Johnson's Blue', vorn im Bild) ist ab Mai ein gern gesehener Farbtupfer.

beln gesellen sich zu saftig roten Erdbeeren, Liebstöckel *(Levisticum officinale)* und andere Kräuter sorgen für Aroma, Karotten runden das sinnliche Erlebnis ab. Die Beete sind für einen Selbstversorger oder gar für einen Gourmet konzipiert. Es wird nach dem Mond gegärtnert und selbstverständlich auch die Fruchtfolge beachtet. Um dem gefürchteten Pilz vorzubeugen, darf sich der Kohl jedes Jahr ein anderes Plätzchen im Gemüsereich suchen. In einem Folientunnel und zwei Gewächshäusern wird gesät, pikiert, getopft und experimentiert. Besondere Tomatensorten mit witzig-exotisch anmutenden Namen wie 'Ochsenherz', 'Green Zebra' und 'Ziegenzitzen' gehören zum Sortiment. Auch die Sommerblumen aus dem vorderen Gartenbereich haben hier ihre Kinderstube und sorgen für alljährlich wechselnde Pflanzenarrangements.

FÜNF LAUFENTEN wurden zum Zwecke der natürlichen Schädlingsbekämpfung angeschafft. Leider entpuppten sie sich als Mogelpackung. Während sich ihre Herrchen zu einer gemütlichen Tasse Kaffee niederließen, haben die Gefräßigen sämtliche Jungpflanzen vertilgt. Seither wurden die schnatternden Gesellen in ein umzäuntes Gehege verbannt. Auf die Salatpflänzchen müssen sie nun leider verzichten, auf die Schnecken jedoch nicht. Die werden von Hand abgesammelt und den Enten als Nachtisch serviert.

Die beiden Gärtner verzichten gänzlich auf den Einsatz von chemischen Mitteln und beziehen ihr Saatgut ausschließlich von Bioerzeugern. Die Aussaaterde ist ein hauseigenes Produkt, hierfür verwendet Thomas selbst hergestellten Kompost. Diesen dämpft er in Waschkesseln, bevor er in den Garten wandert. Jährlich werden in den eigens dafür vorgesehenen Komposthäuschen, die natürlich auch in Eigenregie entstanden, etliche Kubikmeter feinste Gartenerde erzeugt. Das erfordert natürlich hohen körperlichen Einsatz, dennoch macht es Thomas großen Spaß, sich hier auszutoben. Seit Kurzem sind die beiden sogar im Besitz eines Biozertifikats. Die Freunde und Nachbarn wussten ihre Köstlichkeiten aber auch schon vor der Auszeichnung zu schätzen!

SEIT SECHS JAHREN findet alljährlich am ersten Sonntag im September das Herbstfest des örtlichen Obst- und Gartenbauvereins statt. Jung und Alt finden sich dann ein, um an dem beliebten Ereignis teilzunehmen, auch Pfarrer und Bürgermeister dürfen nie fehlen. In diesem Rahmen öffnen auch Uli und Thomas ihren Garten und die gesamte Dorfbevölkerung ist herzlich eingeladen durch das grüne Paradies der beiden Gartenenthusiasten zu schlendern und sich von der üppigen Blumenpracht bezaubern zu lassen. Selbstverständlich darf dann auch von den kulinarischen Besonderheiten, die die beiden anbieten, genascht werden!

Mein Garten wirkt zu jeder Jahreszeit neu

GESTALTER	EIGENENTWURF
GRÖSSE	2000 QM
KENNZEICHEN	ELEGANTER GARTEN MIT ZAHLREICHEN HORTENSIEN UND BLATTSCHMUCKSTAUDEN – NACHTS STIMMUNGSVOLL ILLUMINIERT

~ DER GARTEN VON URSULA MAGES

Nachdem ihre drei Töchter den Kinderschuhen entwachsen waren, verbrachte Ursula Mages mehr und mehr Zeit im Grünen und entwickelte sich zunehmend zur Gartenenthusiastin. Sie behauptet sogar von sich, sie werde griesgrämig, wenn sie nicht jeden Tag wenigstens ein paar Minuten in ihrem grünen Reich verbringe. Ursula Mages ist stets voller Ideen, die sie mit Tatkraft und Energie umzusetzen weiß. So ist ihr Garten durch ihren Gestaltungsdrang einem steten Wandel unterworfen. Auch in den Wintermonaten, wenn die meisten Gärtner eine wohlverdiente Ruhe- und Schaffenspause einlegen, entwirft sie voller Tatendrang Pläne für die kommende Saison. Gilt es, ein Beet neu zu bestücken, stattet sie ihrem Bruder Max einen Besuch ab. Der pensionierte Stadtgärtner wohnt gleich um die Ecke und vermehrt zum Zeitvertreib immer noch Stauden, insbesondere Funkien und Taglilien. Hier kann seine Schwester aus dem Vollen schöpfen.

Jedes Jahr zur Rosenblüte lädt sie Freunde in ihr Blütenreich ein. Am liebsten sitzt die Gärtnerin aber mit ihren zwei Enkelsöhnen in einer ihrer Lauben und liest dort aus einem Geschichtenbuch vor. Im Sommer wie auch an milden Frühlingstagen nimmt die Familie das Frühstück gerne auf der geschützten Terrasse ein. Die Abendstunden im Garten sind immer von ganz besonderem Reiz, denn Ehemann Rudi hat mit seinen Lichtinstallationen für besondere Stimmung und Atmosphäre gesorgt.

»WER MICH GANZ KENNENLERNEN WILL,
MUSS MEINEN GARTEN KENNEN,
DENN MEIN GARTEN IST MEIN HERZ.«

HERMANN FÜRST VON PÜCKLER-MUSKAU

RECHTS Mannshohe Bauern- und Teller-Hortensien, die in diesem Garten auch nach Spätfrösten jedes Jahr aufs Neue zahlreiche Blüten hervorbringen, werden von der immergrünen Japan-Segge *(Carex morrowii* 'Variegata') gerahmt.

AM FUSSE EINER BAYERISCHEN GEBIRGSKETTE

liegt das Gartenareal der Familie Mages, es umfasst 2000 Quadratmeter. Obwohl die Region für ihre strengen Winter bekannt ist, herrscht hier im Schutz der Berge ein günstiges Kleinklima. Somit birgt der Garten auch Pflanzen, die sich sonst nur in wärmeren Gefilden wohlfühlen.

Der Jahreszeitenaspekt ist für Ursula Mages von besonderer Bedeutung. Sie legt Wert auf eine dauerhaft attraktive Bepflanzung, weshalb der Garten auch im Winter eine gute Struktur behält. Das Arrangement am Eingang des Hauses wurde aus ebendiesem Grund mit Immergrünen und anderen Struktur gebenden Elementen bestückt. Buchs in Bändern oder als Solist, Mahonien *(Mahonia)* und mannshohe Rhododendren beherrschen das Entree. Links des Hauseingangs erhebt sich eine ausladende, schon recht betagte Zaubernuss *(Hamamelis)* und verwandelt dieses Vorzimmer im zeitigen Frühling in ein Blütenmeer.

Wenige Schritte nach links tut sich ein mächtiges Gartentor auf und gibt den Blick auf eine wohlgeordnete und bezaubernde Parklandschaft frei. Verschiedene Themenbereiche gruppieren sich locker aneinandergereiht um eine große, sehr gepflegte Rasenfläche, die hier die Funktion eines grünen Teppichs erfüllt.

Ein filigraner Laubengang, umrankt von duftenden, märchenhaften Ramblerrosen wie 'Venusta Pendula' und 'Bobby James', führt zum schmucken Gartenhäuschen. Sein hinterer Bereich wurde zum bequemen, rückenschonenden Arbeitsbereich umfunktioniert, in dem die emsige Gärtnerin unter einem Balda-

OBEN Inmitten des Rasens hat Ursula Mages einen sogenannten »Sommersitzplatz« in Form einer Ellipse gestaltet. Auch hier dient Japan-Segge wieder als Beeteinfassung und sieht auch in den Antikvasen sehr attraktiv aus. Im Hintergrund verschiedene Strauchrosen wie 'Mme Hardy', 'Home & Garden' und 'Sebastian Kneipp'.

LINKS Die akkurat geformten Buchskugeln wirken wie zufällig in den Rasen gewürfelt. Am Holzpavillon rankt die lavendelblaue Clematis 'Prince Charles', die zusammen mit den stattlichen Funkien und dem schon sehr alten Kirschlorbeer im Hintergrund Eleganz ausstrahlt.

OBEN Hinter einem kleinen Teich mit vorrangig weiß blühenden Stauden erhebt sich ein filigraner Rosenpavillon, den der Rambler 'Lykkefund' vereinnahmt hat. Daneben scheint die weidenblättrige Birne (*Pyrrus salicifo lia* 'Pendula') auf einem Frauenmantel-Teppich zu schweben.

UNTEN Auch bei Dämmerung und nachts ist dieser Gartenteil am Teich attraktiv! Rudi Mages hat mit seinen Lichtinstallationen in Form von Spots und Moonlights für Romantik gesorgt. Aktaion und Diana, die beiden Lieblingsfiguren der Gärtnerin, werden dezent angestrahlt.

chin von Kletterrosen ihre unzähligen Funkien *(Hosta)* in Töpfe versenkt, um sie anschließend auf einem dekorativen Tischchen in der Nähe des Hauses zu präsentieren. Auch sämtliches Arbeitsgerät hat hier seinen Platz gefunden. Die Freude am Sammeln hat Ursula Mages nicht nur bei den Funkien ergriffen, Hortensien *(Hydrangea)* gehören ebenso zu ihren Favoriten. Sie sind überall im Garten verteilt. Auch das Gartenhaus wird umgarnt von Bauern-Hortensien *(H. macrophylla)* in teils pastellfarbenen, teils kräftigen Tönen.

IM NÄCHSTEN SCHATTENKABINETT tummeln sich zu Füßen einer halbrund geschwungenen Bank panaschierte Golderdbeere *(Waldsteinia)*, Wald-Anemone *(Anemone sylvestris)* und natürlich wieder die geliebten Funkien. In der Mitte des Gartens spendet ein großzügiger Holzpavillon an warmen Tagen Schatten. Er wurde von Efeu *(Hedera helix)* und der lavendelblauen Clematis 'Prince Charles' vereinnahmt. Den beiden gefällt's hier im lichten Schatten unter den ausladenden Ästen eines knorrigen Kirschbaumes. Links davon erhebt sich Lieblingshortensie 'Ayesha' mit ihren an Flieder erinnernden Blüten zum Protagonisten. Obwohl als heikel geltend, hat sie sich hier zu einem wahren Prachtexemplar entwickelt. Zum Saisonfinale buhlt sie um die Gunst des Betrachters und verleiht dem Garten mit weiteren Vertretern der Hortensiengattung das herbstliche Bild.

Wie von leichter Hand hingestreut, ruhen hier streng gestutzte Buchskugeln, daneben wiederholt sich dasselbe Schema mit Moonlight-Kugeln, Leuchten, die den Garten bei Dämmerung in eine stimmungsvolle, mystische Lichtlandschaft verwandeln. Rudi Mages, ein Ingenieur für Licht- und Elektrotechnik, sorgt mit seinen Installationen in Form von mobilen Spots und fest verankerten Moonlights auch nach Einbruch der Dunkelheit für eine märchenhafte Bühne. Gegenüber wird man einer kleinen Kiesfläche in Form einer Ellipse gewahr, sie hebt sich allein schon wegen ihres Umrisses optisch vom umgebenden Grün des Rasens ab. Weißbunte Japan-Segge *(Carex morrowii* 'Variegata'*)*, ein wintergrünes Gras mit weiß-grünen Halmen, wird als Beetumrandung eingesetzt. Es sorgt hier für Struktur, indem es zwischen Kiesfläche und angrenzendem Staudenbeet als Raumteiler fungiert.

DOCH WER KANN SCHON MIT EINER GÖTTIN im Garten aufwarten? Diana, Göttin der Jagd, bewacht neben dem jungen Schützen Aktaion den rosenumrankten Pavillon am südlichen Ende des Grundstücks. Die lebensgroßen Statuen waren ein Geschenk des Ehemannes zu Ursulas Geburtstag und erheben sich nun mit ihrer majestätischen Ausstrahlung zu den Leitfiguren des Gartens. Zu ihren Füßen hat die Gärtnerin eine prächtige Kulisse in Weiß orchestriert: Rispen-Hortensie *(Hydrangea paniculata)* 'Annabelle' mit großen Blütenbällen, steil aufragende weiße Lupinen *(Lupinus)*, Herbst-Anemone *(Anemone* x *hybrida)* 'Honorine Jobert', dazwischen Iris und zarte Gräser verleihen dieser Gartenecke südländisches Flair. Der Übergang zum angrenzenden Teich ist fließend.

RECHTS Kirschlorbeer *(Prunus laurocerasus)* 'Etna' fungiert hier als niedrige Hecke, als verbindendes Glied zwischen Gartenhäuschen und dekorativer Steinbank. Die zart rosa Kolkwitzie *(Kolkwitzia amabilis)* fühlt sich im lichten Schatten des Apfelbaumes sichtlich wohl.

DAHINTER THRONT DAS WOHNHAUS, leicht erhöht mit angebautem, weiß lackiertem Wintergarten. Von diesem Logenplatz aus genießt die Familie sommers wie winters eine fantastische Aussicht. In den Abendstunden ist der Blick auf den Teich jedoch besonders traumhaft, eines der Moonlights taucht die Uferbepflanzung in ein mystisches Licht.

Noch haben wir den Gartenrundgang nicht beendet und gelangen nunmehr in den geometrisch angelegten Gemüsegarten. Neben würzigen Küchenkräutern und Salatköpfen sorgt Kletterrose 'Rosarium Uetersen' für üppigen Flor an der Hauswand. Sogar die empfindliche Rose 'Martine Guillot' gedeiht hier neben Lavendel *(Lavandula angustifolia)* im Schutz des Wohnhauses. Durch einen Holzparavent, umrankt von Kletterrose 'Climbing Alberich', einem zart duftenden Blütenwunder, verlassen wir das Küchengärtlein und erobern den letzten Teil des Gartens.

Eine Rosenlaube versinkt beinahe unter der Last des Ramblers 'Paul's Himalayan Musk' und der Märchenrose 'Alchymist'. Bänke und verträumte Putten beschwören Romantikstimmung herauf. Im Vorfeld der Laube breitet sich ein neues Beet aus, das erst in jüngster Zeit zum kleinen Alpinum umgestaltet wurde. Hier wie auch anderswo experimentiert Ursula Mages mit neuen Pflanzen und Kombinationen. Ihre Anpflanzungen sind jedoch einem klaren Ordnungsprinzip unterworfen. Dezente Blütenfarben werden favorisiert, Blattschmuckstauden bilden nebst Gräsern das Gerüst, eine gekonnte Höhenstaffelung vermittelt einen harmonischen Eindruck.

Aus Leidenschaft wurde Profession

GESTALTER	EIGENENTWURF
GRÖSSE	3500 QM
KENNZEICHEN	MEDITERRAN ANMUTENDER GARTEN MIT ZAHLREICHEN TROCKENHEITSVERTRÄGLICHEN PFLANZEN AUF DURCHLÄSSIGEM SAND-FLINS-BODEN

~ DER GARTEN VON MARION ERNST

Desigual

Nach der Renovierung des idyllischen Bauernhauses aus dem Jahre 1850 hat sich Marion Ernst an das Thema Garten gewagt. Zunächst war das Grundstück eine brachliegende und mit Unkräutern übersäte Fläche. Die ersten Stauden wurden noch ohne Plan und Standortkenntnisse in die sandige Erde gesetzt. Erst nach etlichen Fehlschlägen und Teilerfolgen wurde nach und nach das Wissen um die Pflanzen und deren Ansprüche vertieft. Durch ständiges »learning by doing« und das Verschlingen von Gartenliteratur hat sich Marion Ernst im Laufe der Jahre ein immenses Fachwissen angeeignet. Die Freude am Wachsen und Gedeihen der Pflanzen animierte sie, mithilfe ihres Ehegatten Andreas ständig neue Projekte zu verwirklichen. Dieser Gestaltungsdrang hat aus ihrer Leidenschaft eine Profession gemacht.

Seit nunmehr fünf Jahren ist Marion Ernst als Gartengestalterin aktiv und überrascht ihre Kunden mit ausgefallenen Ideen und Gartenkonzepten. Ihren eigenen Garten betrachtet sie als ihr »zweites Zuhause«, in dem sie mit ihrem Mann und den beiden Kindern lebt, feiert und genießt. Bereits ab Ende Februar sitzt die Familie mit wärmenden Jacken draußen, um die ersten Sonnenstrahlen einzufangen. Bei jeder Witterung finden das Frühstück wie auch das Abendessen unter freiem Himmel statt. Da sie auch Freude am Kochen und Dekorieren hat, lädt sie gerne ihre Freunde zu stimmungsvollen Gartenpartys ein.

»DEN GARTEN DES PARADIESES
BETRITT MAN NICHT MIT DEN FÜSSEN,
SONDERN MIT DEM HERZEN.«

BERNHARD VON CLAIRVAUX

RECHTS Die roten und rosa Rosen in den geometrischen Buchsfeldern neben dem Brunnen vermitteln Bauerngartenromantik pur. Graulaubiger Wollziest *(Stachys byzantina)* gesellt sich hier zu den öfterblühenden Sorten 'Nostalgie', 'Home & Garden', 'Mozart' und 'Leonardo da Vinci'.

EIN SCHUSS BAUERNGARTENROMANTIK, gepaart mit mediterranem Lebensgefühl – dieser Eindruck stellt sich schon beim ersten Blick über den Gartenzaun ein. Hier wurde mit viel Einfühlungsvermögen ein Areal geschaffen, das sich zwischen einem Buchenwald und einer kleinen Wallfahrtskirche malerisch in das Landschaftsgepräge einfügt. Ein geschwungener Kiesweg führt zum zentral gelegenen Bauernhaus, das mit seinen dekorativen, roten Fensterläden einen absolut charmanten Empfang bereitet. Die Farbe Rot wiederholt sich auch in dem bäuerlichen Mobiliar an der Südseite des Hauses, ebenso auf den Stuhlkissen und dem Sonnenschirm, ja sogar in den Blüten der Stauden, die den Eingangsbereich vereinnahmen.

Spornblumen *(Centranthus ruber)*, Mohn *(Papaver orientale)* und Indianernesseln *(Monarda)* in Rot hat Marion Ernst gekonnt in Szene gesetzt. Sodann wird man unwillkürlich von einem mächtigen Brunnen in den Bann gezogen. Vier Buchsfelder, mit roten und gelben Rosen besetzt, laufen in geometrischen Linien auf ihn zu. Blickt der Neugierige in den zwölf Meter tiefen Schacht, sieht er tausend kleine Perlfarne *(Onoclea sensibilis)*, die sich wie verängstigte Feen an die Innenwände klammern.

Ein schmuckes Gebäude, längs zum Bauernhaus verlaufend, verstellt den weiteren Weg. Es handelt sich um das sogenannte Austragshäuschen mit einem noch vollkommen intakten Backofen. Hier fungiert es als Raumteiler und macht neugierig auf das, was sich dahinter verbirgt. Hübsch ist es anzuschauen mit seinen vorgelagerten Blumeninseln, die Marion Ernst beiderseits

OBEN Diverse *Sedum*-Arten unterschiedlicher Form weben einen bunten Teppich zwischen die Trittsteine und leuchten in vielen Farbnuancen. Den durchlässigen Sandboden und die Trockenheit vertragen auch der silberblättrige Wollziest, Lavendel und Oregano.

LINKS Im Schattenwurf des Hauses gedeihen Bauern-Hortensien *(Hydrangea macrophylla)* sowie der Frauenfarn *(Athyrium)*. Am Sprudelstein (Bildmitte) zeigt sich Chinaschilf *(Miscanthus sinesis)* der Sorte 'Silberfeder' im Herbstkleid neben Sumpf-Schwertlilien *(Iris pseudacorus)*.

OBEN Dieses Hangbeet in Blau und Rosa strahlt Ruhe aus. Die blauen Töne steuern Storchschnabel *(Geranium*-Hybride) 'Rozanne', Lavendel *(Lavandula angustifolia)* 'Hidcote Blue' und der Steppen-Salbei *(Salvia nemorosa)* 'Blauhügel' bei. Als rosa Kontrastgeber fungieren Pfingstrosen *(Paeonia)* und die Flächenrose 'Palmengarten Frankfurt'.

UNTEN Im trockensten Teil des Gartens gedeihen Wärme liebende Stauden mit genügsamen Bodenansprüchen prächtig. Lavendel, Königskerze *(Verbascum)*, Blauraute *(Perovskia)* und Leinkraut *(Linaria pupurea)* locken Insekten und Schmetterlinge an.

des Eingangs symmetrisch mit Rispen-Hortensien *(Hydrangea paniculata)*, Funkien *(Hosta)* und tiefroten Purpurglöckchen *(Heuchera)* bestück hat. Der wilde Wein *(Parthenocissus)* auf der Giebelseite des Häuschens gibt dem Ganzen eine hoch romantische Note. Die Rankpflanze ist eine echte Verwandlungskünstlerin, sie reiht sich im Herbst perfekt in die rote Farbinszenierung ein.

LEICHT BERGAN FÜHRT eine kleine Treppe zum nächsten Gartenkabinett. Gleich einem Senkgarten erheben sich um eine rechteckig zugeschnittene Rasenfläche sanft ansteigende Hangbeete. Wärmeliebende Stauden mit genügsamen Bodenansprüchen fühlen sich dort auf dem sandigen Boden sichtlich wohl. Zahlreiche Gräser bereichern mit ihren filigranen Halmen die Szene, hinzu gesellen sich Struktur gebende Latschen-Kiefer *(Pinus mugo)*, Fetthennen *(Sedum)*, weiße Rosen und Blaustrahlhafer *(Helictotrichon sempervirens)*. Hier in diesem Zwischenbereich findet ein Stilwechsel statt. Zu ländlichem Mobiliar werden moderne Dekoelemente hinzugefügt: Sitzkissen in Aubergine, dazu Übertöpfe in Pink.

Ganz oben angelangt geht die Gartenanlage in eine naturnahe Parzelle über. Eine massive Natursteinmauer stützt den Hang und markiert den Übergang zur umgebenden Wald- und Wiesenlandschaft. Hier residiert die Hauswurz *(Sempervivum)*! Die Gärtnerin hat der genügsamen Pflanze im trockensten Teil ihres Gartens einen Logenplatz gewidmet, aus allen Fugen und Ritzen quillt sie hervor. Zwischen den alten Trittplatten, die Marion Ernst mithilfe ihres Mannes Andreas aus alten Abbruchhäusern gesammelt hat, bildet sie einen farbfreudigen Gobelin, veredelt mit den Kleinodien der Natur. Dazwischen erheben sich stark duftender Lavendel *(Lavandula angustifolia)* und tiefblauer Steppen-Salbei *(Salvia nemorosa)*, gelbe Schaf-Garbe *(Achillea)* und Wolfsmilch *(Euphorbia)*, sie alle beschwören eine absolut mediterrane und fröhliche Stimmung herauf.

Genießen kann man das Treiben auf dem Freisitz gleich nebenan. Von einer Weinrebe umrankt, hängen einem dort zu gegebener Jahreszeit förmlich die Trauben in den Mund! Ums Haus herum geht es nunmehr sanft bergab in den schattigeren Bereich auf der Rückseite des stattlichen Anwesens. Zwischen akkurat geschnittenen Buchskugeln verweben sich interessant gezeichnete Funkien *(Hosta)* mit den geliebten Gräsern. Dazwischen stattliche Hortensienbüsche *(Hydrangea)*, die nicht nur das sommerliche Bild des Gartens kolorieren, sondern noch im Herbst mit ihren dekorativen Blütenständen aufwarten.

AUSSERHALB DES SCHATTENWURFES des Hauses schreiten wir auf einem gepflegten und kurz gehaltenen Rasenteppich dahin. Das Grundstück wird am oberen Ende erneut durch eine kleine Mauer abgegrenzt, in den Hangbeeten darüber entfaltet sich eine Arie in Pink und Blau. 'Palmengarten Frankfurt', eine sehr gesunde Rose mit glänzendem Laub und kräftigen pinkfarbenen Blüten, vermählt sich mit Steppen-Salbei *(Salvia nemorosa)* und dem blau blühenden Storchschnabel *(Geranium*-Hybride)

116

LINKS Die rote Spornblume *(Centranthus ruber* 'Coccineus') passt perfekt zu den Fensterläden und der ebenso roten Tischdekoration! An der Hauswand klettert malerisch die porzellanfarbige Kletterrose 'New Dawn', die beiden weißen Hochstämmchen der Sorte 'Schneewittchen' sorgen für Höhenstruktur und stehen Spalier am Hauseingang.

'Rozanne'. Marion Ernst achtet beim Pflanzenkauf auf lang blühende Stauden mit einem Jahreszeitenaspekt, dadurch wird vom Frühling bis zum Winter eine strukturelle Kontinuität erreicht. Sie bezeichnet sich nicht als Pflanzensammlerin. Lieber verwendet sie herkömmliche, aber bewährte Sorten, die sie großflächig in die Erde setzt. Dieses Pflanzkonzept bringt Ruhe und Ausgewogenheit in die Beete.

DER STATTLICHE BIRNBAUM in der Mitte dieses großzügigen Gartenraumes ist wie geschaffen, um darunter an heißen Tagen rauschende Feste zu feiern. Mag es einer der Gäste bequem, bietet sich eine Hängematte an, die in luftiger Höhe zwischen Kirsch- und Birnbaum Mußestunden verspricht. Gleich neben hübschem Gartenmobiliar zieht ein mächtiger Japanischer Staudenknöterich *(Fallopia japonica)* alle Blicke auf sich. Obwohl er in Fachkreisen als invasiver Neophyt verschrien ist, erhebt er sich hier mit seinem stattlichen Habitus zum unbestrittenen Hauptdarsteller. Hier wie auch im oberen Gartenteil wurde bewusst auf eine Einfriedung verzichtet. Die Grenzen sind offen, der Garten tritt in einen Dialog mit der umgebenden Natur. Leid er wissen das auch die Wildschweine und die so gar nicht scheuen Rehe zu schätzen. Genuss für die Familie verspricht auch das Gemüsegärtchen am unteren Ende des Areals. Hier wächst alles, was die mediterrane Küche braucht. Thymian und Basilikum gedeihen neben Koriander und Radicchio, Schnittlauch in Bändern nährt zudem noch den Schönheitssinn!

Raum für alles, was Spaß macht und gut schmeckt

GESTALTER	EIGENENTWURF
GRÖSSE	3500 QM
KENNZEICHEN	BAUERNGARTEN MIT GEMÜSE UND KRÄUTERN SOWIE EINEM SCHWIMMTEICH

~ DER GARTEN VON WALTRAUD
UND MAX FELDMEIER

Um im Paradies zu leben, muss man nicht Adam heißen. Als der Lehrer Max Feldmeier vor 35 Jahren um die Hand seiner Kollegin Waltraud anhielt, waren Apfelbäume für ihn kein Thema. Doch im Familienbesitz seiner fröhlichen jungen Frau befanden sich etliche Obstbaumwiesen, von den Schwiegereltern nach dem Krieg angelegt, um mit dem Verkauf der Früchte die Familie zu ernähren. Sie hatten einen guten Ort in mildwarmem Klima gewählt. Genau dort, wo heute eine irdische Dependance des Gartens Eden zu bewundern ist, baute das junge Ehepaar sein strahlend weißes Wohnhaus mit dem warmroten Ziegeldach in ruhiger Ortsrandlage. Max Feldmeier ließ sich vom Schwiegervater den Obstbaumschnitt zeigen und schloss bald die charaktervollen Bäume – meist Hochstämme mit heute nicht mehr marktgängigen Sorten wie 'Goldrenette von Blenheim' oder 'Dülmener Rosenapfel'– ins Herz. Drei kleine Söhne sorgten dafür, dass es im Haus der Feldmeiers hoch herging.

Für die Anlage eines Gartens war eigentlich weder Zeit noch Geld vorhanden und zum Spielen und Toben für die Jungen reichten die Obstwiesen durchaus. Doch Waltraud Feldmeier wollte ihrer Familie gesunde selbst gezogene Gartenprodukte auftischen. So legte das Ehepaar in einem ersten Schritt einen bunten Bauerngarten an, der bis heute die Familie mit frischem Gemüse und einer großen Vielfalt an Kräutern versorgt. Mit der Zeit wuchs der Garten weiter gen Westen in Richtung auf die Obsthaine hin.

»MAN MUSS NICHT ERST STERBEN,
UM INS PARADIES ZU GELANGEN,
SOLANGE MAN EINEN GARTEN HAT.«

AUS PERSIEN

RECHTS Frau Feldmeier nennt ihren Gemüsegarten liebevoll »mein Kraut-und Rüben-Gärtlein«. Im bunten Mix vereinen sich hier Nutzpflanzen mit dekorativem Beiwerk wie dem stattlichen Muskatellersalbei *(Salvia sclarea)*. Dieser besticht durch seine rosalila Blüten und würzigen Duft.

DURCH EINE GRAU VERWITTERTE HOLZPFORTE tritt der Besucher in den granitgepflasterten Hof der Familie Feldmeier, der auf drei Seiten begrenzt wird: Rechter Hand steht das einfache, holzverkleidete Lagerhaus für die reiche Ernte von den umliegenden Obsthainen, geradeaus die Scheune und links das weiß verputzte Wohnhaus mit dem weit überstehenden Ziegeldach und der blauen Haustür. Diese Farbe wird auf der sonnigen Rückseite des Gebäudes noch eine größere Rolle spielen. In dem nordseitigen Hof sorgen schattenverträgliche Stauden – Storchschnabel *(Geranium)* und Wald-Geißbart *(Aruncus dioicus)* – für pastellige Farbtupfer im sonst dominanten Grün. Eine blaue *Clematis* 'Perle d'Azur' rankt am Stützpfeiler bis zur Dachrinne hinauf. In den Blumenkästen auf den Fensterbänken wächst üppiger Zierspargel *(Asparagus)*, eine unkonventionelle, gut schattenverträgliche Bepflanzung. Nun könnte man einfach durch die blaue Tür hinein und durchs Haus hindurch geradewegs auf die andere Seite in den sonnigsten Teil des Gartens gelangen.

Wer aber außen herum geht, kann mehr erleben: Am Fuße der nach Osten weisenden Garagenstirnwand, die zu einem großen Teil von der leuchtend rosa blühenden Kletterrose 'Rosarium Uetersen' bedeckt wird, hat Waltraud Feldmeier eine Kräuterspirale inmitten eines Kiesmagerbeets angelegt. Mittlerweile hat diese zwar ein wenig ihre Form verloren, bietet aber immer noch einer bunten Heilpflanzen- und Kräutersammlung ein ideales Mikroklima. Dort wächst, neben mehreren Thymiansorten, Eisenkraut *(Verbena officinalis)*, Römische Kamille *(Chamaemelum*

OBEN Jedes Jahr stellen Keramikkünstler ihre Exponate im Garten der Feldmeiers aus. Sie dürfen sich für ihre Objekte einen geeigneten Platz aussuchen. Hier wurden elegante und stilvolle Kalebassen dekorativ am Uferbereich des Schwimmteichs platziert.

LINKS Ein idyllisches Plätzchen umrahmt von der Clematis 'Ville de Lyon' am Schwimmteich. An heißen Sommertagen gehen Waldtraud und Max gerne abends noch eine Runde schwimmen und erfrischen sich dort von der anstrengenden Gartenarbeit.

OBEN Hunderte von Herbst-Anemonen bevölkern den Hauseingang und dominieren hier von Hochsommer bis Frühherbst. Sie fühlen sich im Halbschatten besonders wohl.

UNTEN Zart gelber Fingerhut *(Digitalis)* vermengt sich hier mit Bartfaden *(Penstemon)* und Dreimasterblume *(Tradescantia)* zu einem fröhlichen Staudenteppich. Im Hintergrund erheben sich stattlicher Waldgeißbart *(Aruncus dioicus)* und die öfterblühende Rose 'Ghislaine de Féligonde'.

nobile) und Odermennig *(Agrimonia)*, auch die neueste Errungenschaft der Gärtnerin: ein Wachauer Safran-Krokus *(Crocus sativus)*. Belebende Düfte steigen dem Besucher in die Nase. Die Hausherrin sammelt nämlich verschiedene Minzen und liebt es, mit der Hand darüberzustreichen und damit ein erfrischendes Geruchsfeuerwerk zu entfachen.

EIN REBSPALIER BEGRÜNT die südwärtige Garagenwand, darüber hängen geschützt unterm Dachüberstand antike und neue Siebe zur Saatgutgewinnung. Hier wird offensichtlich, dass sich die Feldmeiers nicht darauf beschränken, in Gärtnereien und auf Märkten auf Schatzsuche nach neuen Sorten zu gehen, sondern Freude daran haben, selbst eine bunte Vielfalt an Nutz- und Zierpflanzen anzuziehen.

Mit dem Rücken zum Minzebeet überblickt man nun das alte Herzstück der Anlage, einen sich gen Süden ausbreitenden Küchengarten. Er wird in Anlehnung an historische Klosteranlagen durch ein klassisches Wegekreuz in vier Einheiten geteilt. Die Mitte markiert ein Rondell mit einer Schwenkpumpe, die erfrischendes Brunnenwasser nach oben befördert. Die vier Beete, auf denen sich gewöhnliche und ausgefallene Gemüsearten ein Stelldichein geben, sind von niedrigen Buchseinfassungen umsäumt. Sie sorgen für klare Strukturen und für ein günstiges Kleinklima. Die insgesamt 2000 Buchs-Stecklinge zu setzen war eine der ersten gärtnerischen Herausforderungen des Ehepaars Feldmeier nach dem Einzug ins neue Haus.

DER GEMÜSEGARTEN WAR UND IST eine besondere Leidenschaft der Hausherrin. Sie hat gute Erfahrungen damit gemacht, ihre Beete nicht wie üblich im Herbst umzugraben, sondern durch ganzjähriges Mulchen mit Grasschnitt und Kompost eine feinkrümelige Bodenstruktur zu erhalten. Chemische Pflanzenschutzmittel sind im Gemüsegarten tabu. Stattdessen stärkt Waltraud Feldmeier ihre Schützlinge mit selbst gebrauten Kräuterjauchen und gelegentlichen Kompostgaben. Gerne experimentiert sie mit alten oder seltenen Arten und Sorten ebenso wie mit attraktiven Novitäten. Bunt und vielfältig geht es hier zu. Zwischen dem Gemüse dürfen Borretsch *(Borago officinalis)*, Ringelblumen *(Calendula officinalis)* und andere typische Bauerngartenblumen stehen bleiben. Diese lebendige Mischkultur, die auch mal ein wenig Vogelmiere *(Stellaria media)* und Co. im Beet erträgt, fördert das gesunde Wachstum aller Beteiligten. Die Erträge jedenfalls können sich sehen lassen.

Waltraud Feldmeier ist mittlerweile im Ruhestand und kann es sich so leisten, auf dem Weg von der Küche zum Kräuterernten einfach mal eine halbe Stunde auf der Gartenbank sitzen zu bleiben und dem Treiben der vielen Kleintiere und Insekten zuzuschauen, die sich in ihrem Garten tummeln.

Begrenzt wird der Küchengarten auf der Westseite durch ein lang gezogenes Beet mit traditionellen Bauerngartenpflanzen wie Pfingstrosen *(Paeonia)*, Hortensien *(Hydrangea)* und Phlox *(Phlox paniculata)*. Dahinter eröffnet sich ein weiterer Gartenraum – das grüne Wohnzimmer der Familie. Der von alten Obstbäumen

RECHTS Der Gemüsegarten mit Wegekreuz wurde nach historischem Vorbild um einen mittigen Schöpfbrunnen herum angelegt. An den Bögen ranken insgesamt acht weiße Kletterrosen der Sorte 'Ilse Krohn Superior'. Im Vorfeld des Gemüsegartens webt 'Rosarium Uetersen' seinen Rosenvorhang neben einem mediterranen Kräuter-Kiesbeet.

wie dem Apfel 'Cox Orange', der 'Mirabelle de Nancy' und der Birne 'Madame Verté' umstandene Rasenplatz ist mit leichtem Biergartengestühl möbliert. Tisch und Stühle lassen sich je nach Bedarf ganz einfach in den Schatten der Bäume oder aber auf ein sonniges Fleckchen tragen. Hier herrscht ein strengeres Farbkonzept als in dem munteren Bauerngartenbereich. Die hölzernen Obelisken, eine Rankhilfe für Clematis 'Prince Charles', sind in demselben Blau gestrichen wie Fenster und Wintergarten. Im Staudenbeet sind nur pastellfarbene Blüten erlaubt. Es wachsen dort Pfirsichblättrige Glockenblumen *(Campanula persicifolia)* in Weiß und Blau, ein üppiger Lavendel *(Lavandula angustifolia)* und die weißen Strauchrosen 'Schneewittchen' und 'Little White Pet'.

EINEN KLEINEN NATURTEICH erreicht man, wenn man auf einem buchsgesäumten Klinkerweg weitergeht, dessen Ziegel im Fischgrätmuster verlegt sind. Er ist beinahe zugewachsen und ein Eldorado für Ringelnatter und Eidechse, zudem eine beliebte Vogeltränke, an der sich Baumläufer, Dompfaff und Rotkehlchen einfinden. Ein wunderschöner Ort, um auf einer Bank zu sitzen und dem Treiben zuzusehen.

Das wichtigste Gewässer im Garten ist jedoch um etliches größer: Während eines hochsommerlichen Paris-Urlaubs träumten die Feldmeiers von Abkühlung, und sie fassten den Plan, einen Schwimmteich im Garten anzulegen. Wieder zu Hause angelangt, machten sie sich an die Umsetzung. Doch es floss noch viel Schweiß, bis die Idee zur Realität wurde. Der Schwager half beim Messen und Planen, ein Bagger musste kommen und den Teich ausheben. Mächtige Findlinge erschwerten die Arbeiten, zieren nun aber den sehr natürlich gestalteten Uferbereich. Als der Teich im Oktober endlich fertiggestellt und mit Wasser geflutet war, sprang noch am selben Abend die ganze Familie hinein. Die Lust an der abendlichen Erfrischung ist den Feldmeiers bis in die Gegenwart geblieben. Besonders gerne baden sie während der Dämmerung, den Blick in die Weite über die Felder bis auf die hell erleuchtete Dorfkirche gerichtet. Bei lauem Wetter tragen einige Glühwürmchen zur stimmungsvollen Illumination der ohnehin romantischen Szenerie bei.

SO VIEL GARTENHERRLICHKEIT gibt nun fraglos eine ganz besondere Kulisse für handgefertigte alte Gartengeräte und niveauvolles Kunsthandwerk ab. Kein Wunder also, dass Waltraud Feldmeier diese schönen Dinge sammelt und sie zwanglos in den Garten integriert. Während eines regionalen Töpfermarktes kam ihr die Idee, interessierte Künstler für eine Open-Air-Ausstellung in ihren Garten einzuladen. Tatkräftig und entschlossen, wie sie jedes ihrer Projekte angeht, hat sie auch dieses erfolgreich umgesetzt: Seit 2009 findet an drei Juniwochenenden eine Kunstausstellung als »Galerie im Grünen« statt. Die Künstler dürfen sich selbst einen Platz aussuchen, der mit ihrem Werk am besten harmoniert. Ob die vielen Besucher nun wegen der Kunst kommen oder aber um den Feldmeier'schen Garten zu genießen, bleibt offen.

Mit Gespür für parkartige Eleganz und bäuerlichem Charme

GESTALTER	EIGENENTWURF
GRÖSSE	2500 QM
KENNZEICHEN	GROSSZÜGIGER PARKÄHNLICHER HAUSGARTEN MIT ANGESCHLOSSENEM RUSTIKALEM GEMÜSEGARTEN

~ DER GARTEN VON ELLEN LEEB

Angefangen hat es bei Ellen Leeb wie bei vielen anderen Haus- und Grundbesitzern auch: 1977 zog die Familie mit zwei kleinen Kindern ins eigene Heim. Dazu gehörte ein großes Stück Land, auf dem bis dahin nur landwirtschaftlicher Anbau stattgefunden hatte – zuletzt Mais- und Getreidekulturen. Und wie bei vielen anderen Häuslebauern auch war zunächst das Geld knapp und so ließ sich die junge Mutter und Gärtnerin von Nachbarn und Freunden mit Ablegern beschenken, pflanzte in ihren Garten alles, was sie auf diese Weise bekam. Großflächig wurde Rasen ausgesät, die Kinder erhielten reichlich Platz zum Toben, eine Schaukel und die obligate Sandkiste.

Heute ist von der pragmatischen Gestaltung der Anfangszeit nichts mehr zu erkennen. Ellen Leeb erinnert sich gut daran, wie sie – die Kinder waren bereits aus dem Haus – am »Tag der offenen Gartentür« unterwegs war und unversehens vom Gartenvirus infiziert wurde. Mit einem Schlag war eine riesige Lust da, sich dem Garten mit ganzem Herzen zu widmen. Inspiriert von vielen Besichtigungen und dem winterlichen Schmökern von Gartenbüchern, machte sich Ellen Leeb daran, ihren Garten Schritt für Schritt zu dem umzugestalten, was sie heute ihren Besuchern mit Stolz präsentieren kann. Dabei ist der schwarze Labradormix Aaron immer an ihrer Seite, denn er liebt es, draußen umherzutollen.

»ICH GLAUBE, DASS EIN GARTEN, WENN ER GUT GEMACHT IST, EINER AUTOBIOGRAPHIE GLEICHKOMMT. ER IST DIE ART UND WEISE, WIE WIR AUF DIE ERDE SCHREIBEN.«

ROBERT DASH

RECHTS Dies ist der Frühstücksplatz auf der Ostterrasse. *Prunus* 'Accolade', eine rosa blühende Zierkirsche, spendet an heißen Tagen Schatten. Die Zinkwanne wird von den beiden Laufenten gerne als Bad genutzt.

EINE WALNUSS EMPFÄNGT den Gartenbesucher an der Einfahrt zum Leeb'schen Grundstück. Dieser mächtige Hausbaum stimmt bereits auf die Großzügigkeit ein, die ein vorherrschendes Gestaltungsmittel in diesem Garten ist. Tritt man zwischen Baum und Garage ein, so fühlt man sich eher wie in einem Park. Die Bank, die am Fuße des Stammes Gelegenheit zu einer kleinen Rast bietet, ist ein dazu passender Formenklassiker. Von hier aus kann der Blick entlang einer geschwungenen Rasenfläche weit in die Tiefe des Grundstücks wandern, ohne jedoch gleich jedes Geheimnis des Gartens zu erfassen.

Unweit der Parkbank, hinter einer Halbinsel aus formstabilen Gräsern wie der Weißbunten Japan-Segge *(Carex morrowii* 'Variegata'), ertönt das beruhigende Plätschern von Wasser. Dort hat Ellen Leeb vor langer Zeit den Teich ausheben lassen. Mittlerweile ist das Grundstück vollständig eingewachsen. Zur Straßenseite hin wurde als hintere Begrenzung des Teiches zudem eine Wand aus groben Granitblöcken aufgeschichtet. Ein integrierter Wasserspeier erweckt den Eindruck, als ergieße sich eine Quelle direkt aus den Steinen in den Teich. Auf der Gartenseite grenzt ein schnörkelloser alter Eisenzaun den Wassergarten ab. Ein paar Seerosenblätter schwimmen auf der Oberfläche. Schlichte Schattenstauden besetzen das Ufer: Farne, Funkien *(Hosta)* und Sumpf-Schwertlilien *(Iris pseudacorus)* breiten sich dort aus sowie ein riesengroßer Wasserdost *(Eupatorium maculatum).* Die klare Gestaltung und der weitgehende Verzicht auf verspielte Dekoelemente tragen zum edlen und großzügigen Eindruck des Leeb'schen Gartens bei.

OBEN Auch im Herbst hat dieser Garten einiges zu bieten! Rund um eine große Rasenfläche gruppieren sich Gehölze wie Blut-Pflaume und Gelbholz. Darunter gedeihen rosa Phlox 'Bright Eyes', die weiß blühende Herbst-Anemone 'Honorine Jobert' und gelbes Sonnenauge.

LINKS Hier entfalten sich die eleganten Wedel des Trichterfarns *(Matteuccia struthiopteris)* kontrastiert von den breiten blauen Blättern der *Hosta* 'Elegans'. Dazwischen setzen Lilienblütige Tulpen der Sorte 'Marylin' Akzente und das rotlaubige Purpurglöckchen *(Heuchera micrantha)* 'Palace Purple' dient als Beeteinfassung.

OBEN 'Königin Charlotte', eine üppig blühende rosa Herbst-Anemone begrüßt den Besucher am Eingang des Laubengangs, dahinter ihre weiße Gespielin 'Honorine Jobert' und am Bogen Sommerflieder *(Buddleja alternifolia)*. Gegenüber darf von der Spalierbirne genascht werden!

UNTEN Das Spanische Gänseblümchen *(Erigeron Karvinskianus)* ist ein dankbarer Dauerblüher bis in den Herbst hinein und wurde hier als Tischschmuck verwendet. Bauern-Hortensien im Hintergrund runden das Herbstensemble harmonisch ab.

MEHRERE GROSSE BÄUME, wie der Tulpenbaum *(Liriodendron tulipifera)*, eine Schwarz-Kiefer *(Pinus nigra)* und eine Blut-Pflaume *(Prunus cerasifera 'Nigra')*, deren Laub in der Sonne rubinrot leuchtet, sorgen hinter dem Teich für dauerhafte Farbenpracht. Die blaue Bank unter der Pflaume erhält linker Hand Rückendeckung von einem Rhododendron mit tiefgrünem Blattwerk, der Ende Mai mit seiner Blüte aufwartet. Zuvor haben weiße und zartgelbe lilienblütige Tulpen das Frühjahr eingeläutet. Während des Sommers sorgen Taglilien *(Hemerocallis)*, Schatten-Astern *(Aster divaricatus)* und die Herbst-Anemone *(Anemone* x *hybrida)* 'Honorine Jobert' für weiße Leuchtpunkte zwischen dem hübschen mehrfarbigen Laub.

Auf der gegenüberliegenden Seite zieht sich ein Staudenbeet am Hang bis zum Haus hinauf, an seiner Spitze erhebt sich ein üppiges Gelbholz *(Cladrastis lutea)*. Hier gibt es keinerlei Farbbeschränkungen für die Staudenbepflanzung, die unter anderem aus Phlox *(Phlox paniculata)*, Pfingstrosen *(Paeonien)* und Bart-Iris *(Iris*-Germanica-Hybriden) besteht. Weiße Steppenkerzen *(Eremurus himalaicus)* ragen vertikal wie schimmernde Lanzen aus dem Blütenmeer hervor.

An der Grundstückaußenseite folgen die Beete einer Rundung. Den Hintergrund bildet nun eine in Form geschnittene Eibenhecke *(Taxus)*, davor breitet sich eine nach Höhen gestaffelte Bepflanzung in den Farbtönen Blau, Weiß und Rosa aus. Den Vordergrund bilden schattenverträgliche Funkien sowie einige Fetthennen *(Sedum)* und Lenzrosen *(Helleborus orientalis)*, dahinter erheben sich rosafarbene Herbst-Anemonen, blauer Eisenhut *(Aconitum)* und Wiesenraute *(Thalictrum)*. Weiter führt der Weg bis zu einem halbschattig gelegenen Sitzplatz, vorbei an drei groß gewachsenen Lärchen, die teilweise von der Rose 'Ghislaine de Féligonde' erklommen werden.

EIN KIESSTREIFEN MARKIERT den Übergang zu einem kleinen, nordwestlich des Hauses gelegenen Gartenareal. Dort war früher ein beliebter Spielplatz der Kinder, wovon noch heute ein ehemaliges Spielhaus mit heruntergezogener Dachfläche zeugt, in dem jetzt allerlei Nützliches aufbewahrt wird. Der schnörkellose, von drei Seiten eingefasste kleine Gartenraum ist ein guter Ort, um eine Liege aufzustellen und geschützt von allen Blicken ein Entspannungsschläfchen zu halten.

An der Wildkirsche vorbei östlich des Hauses eröffnet sich ein hufeisenförmiges Beet, das teilweise von Buchs eingefasst wird. Hier wachsen vorrangig Rosen: 'Leda' weißblütig mit einem dunkelroten Saum, die bezaubernd duftende, cremeweiße 'Alba Maxima' und lachsfarben an einem Bogen die Märchenrose 'Alchymist'. Den Blumenköniginnen zu Füßen breiten sich Farne, Storchschnabel *(Geranium)* und Tränendes Herz *(Dicentra spectabilis)* aus. Eine stattliche Terrakotta-Amphore bildet den Blickfang am Ende einer Sichtachse. Im Hintergrund ist dezent das Gehege für die beiden Laufenten untergebracht, die nunmehr seit neun Jahren im Leeb'schen Garten auf Schneckenjagd gehen. Auch wenn ab und an eine – mit Vorliebe weiße – Blüte dem Appetit des

RECHTS Neben dem Gemüsegarten, dessen Beeteinfassung aus 25-jährigem Buchs besteht, findet sich ein üppiges Rosenbeet. Zwischen der hellrosa Damaszenerrose 'Isphahan' und der dunklen Apothekerrose (*Rosa gallica* 'Officinalis') lugen Stockrosen, Clematis und Dahlien hervor.

Geflügels zum Opfer fällt, so ist doch die Haltung dieser Tiere eine gute Entscheidung, wenn man in den schattigen Zonen auf die Bepflanzung mit Funkien und Co. nicht verzichten will.

DA ENTEN ABER BEKANNTLICH großen Appetit auf frischen Salat entwickeln, wurde der ans Hufeisenbeet angrenzende Bauerngarten rundum mit einem rustikalen Holzzaun eingefasst. Dahinter hat die Gärtnerin vier Buchsfelder angelegt, in denen Fruchtfolge im Uhrzeigersinn betrieben wird. Nach einem ausgeklügelten System wandern die mittelzehrenden Kulturen auf das Feld, das zuvor von Starkzehrern wie Kürbis oder Kohl besetzt gewesen war. Es folgen die Schwachzehrer und Legiminosen (Stickstoffsammler), etwa Salate, Küchenkräuter und Stangenbohnen. Für letztere hat Ellen Leeb ein hohes Rankgerüst gebaut. Damit die Gemüsebeete hübsch fröhlich und bunt aussehen, hat die Gärtnerin immer wieder auch einjährige Blüher wie Studentenblumen *(Tagetes)* zwischen die Kulturpflanzen gesetzt. Diese beugen auf natürliche Weise Nematodenbefall beim Wurzelgemüse vor. Auch die eine oder andere Staude, etwa die Fetthenne *(Sedum)*, darf sich im Gemüsebeet heimisch fühlen.

Auf der gegenüberliegenden Seite, direkt am Haus, befindet sich vor einer halbrunden Buchseinfassung wieder ein kleiner Sitzplatz. Mit Porphyr und Granitwürfeln ist diese Terrasse gepflastert, die sich zu einem umlaufenden Weg verjüngt. Hier geht es unter einer von Blauregen *(Wisteria)* berankten Pergola bis zur Garage, wo der Gartenrundgang begann.

143

Aus Forscherdrang zum Päonienzüchter

GESTALTER EIGENENTWURF
GRÖSSE 3300 QM
KENNZEICHEN STEILER HANGGARTEN MIT SCHWERPUNKT PÄONIEN, TAGLILIEN UND STAUDENRARITÄTEN

~ DER GARTEN VON JOSEF STINGLHAMMER

Birken und Kiefern prägten das 3300 Quadratmeter große Grundstück, als Josef Stinglhammer im Jahre 1970 Haus samt Garten erwarb. Nachdem diese Bäume gefällt waren, hat er sich ohne fremde Hilfe an die Geländeumformung des stark abfallenden Hanggrundstücks gewagt. Der Gartenentwurf trägt allein seine Handschrift und wurde im Laufe von Jahrzehnten perfektioniert. Josef Stinglhammer ist ein ruhiger und bescheiden wirkender Mann, der sich mit seinem großen botanischen Wissen nicht hervortut, obwohl er jedes noch so kleine Pflänzchen zu benennen weiß. Wer mit dem Pflanzenexperten fachsimpelt, sollte schon mit den lateinischen Namen vertraut sein. Zahlreiche Pflanzenschätze nennt er inzwischen sein Eigen und es werden beständig mehr. Stundenlang sitzt er bei Regenwetter in seinem Arbeitszimmer und recherchiert im Internet, um an weitere Raritäten zu gelangen. Bei warmer Witterung zieht er es jedoch vor, unter seinem geliebten Mammutbaum zu verweilen und in Pflanzbüchern zu stöbern und zu schwelgen.

Ein weiteres Steckenpferd ist die Zucht von Pfingstrosen und Taglilien, was er nur aus eigenem Interesse und Forscherdrang betreibt. Auf diesem Gebiet hat er seine Kenntnisse vertieft und sich zu einem wahren Fachmann entwickelt. Sein Garten ist jedoch mehr als eine Ansammlung von Pflanzen, er verkörpert ein Stück Lebensqualität. Das Repräsentieren und Zur-schau-stellen, steht nicht an vorderster Stelle. Vorrangig ist der Garten für den Besitzer ein Rückzugsort, sein privates Terrain, in dem er mit seiner Frau und seinen beiden Töchtern lebt.

»WER MIT SEINEM GARTEN
SCHON ZUFRIEDEN IST,
HAT IHN NICHT VERDIENT.«

KARL FOERSTER

RECHTS Jedes Jahr im Mai läuft der Garten zu Hochform auf. Hier leuchtet eine Strauch-Päonie *(Paeonia suffruticosa)* in leuchtendem Pink, die Azalee *Rhododendron molle* in kräftigem Gelb, Rhododendron 'Humboldt' in dezentem Flieder und in edlem Weiß eine *Paeonia*-Rockii-Hybride.

WER DAS GARTENENSEMBLE zum ersten Mal sieht, meint, hier wären mehrere Gärtner zugange. Es ist kaum zu glauben, dass dieses große und gepflegte Areal das Verdienst eines einziges Mannes ist. Der Garten strahlt Ausgewogenheit und Ordnung aus, vermittelt ein Gefühl von Struktur und wirkt dennoch durch seine enorme Blütenfülle romantisch.

Nach dem Öffnen des Tores führt eine geradlinig verlaufende Zufahrt zum Haus, flankiert von üppig blühenden Staudenbeeten. Parallel dazu verläuft eine akkurat geschnittene Rotbuchenhecke, die das Grundstück auf der nördlichen Seite vor neugierigen und sicherlich auch staunenden Blicken abschirmt. 'Wilhelm Schacht', ein üppiger Vertreter der Gattung Rhododendron, begrüßt den Eintretenden an der Haustür mit zahlreichen hellrosa Blüten. Nur ein paar Schritte nach links offenbart sich der unterste, flach gelegene Gartenbereich. Ein Kirschbaum mit ausladender Krone fungiert als raumbildendes Element. Drei massive Scheinzypressen *(Chamaecyparis)* sorgen für vertikale Akzente. Rund um eine äußerst gepflegte Rasenfläche, die wöchentlich gemäht wird, gruppieren sich dicht bepflanzte Staudenbeete. Taglilien *(Hemerocallis)* in üppigen Horsten, fliederfarbener Zierlauch *(Allium)* sowie Storchschnabel *(Geranium)* aller Couleur dürfen sich hier frei und ungezügelt entfalten. Bereits hier ist eine Vorliebe für Stauden- und Strauch-Päonien erkennbar. Die Sorte *Paeonia lutea* 'Zephyrus' koloriert mit ihren pinkfarbenen Blüten das Beet und erhebt sich darin zum pflanzlichen Hauptdarsteller. Am Garagenhäuschen vorbei erreicht man das Herzstück des Gartens.

150

OBEN Ein Sitzplatz in exponierter Lage, umgeben von lauter Pflanzenraritäten: *Rhododendron fortunei*, Trichterfarne *(Matteuccia struthiopteris)*, Runzelblättriger Schneeball *(Viburnum rhytidophyllum)* und Haberlee *(Haberlea rhodopensis)* gedeihen prächtig im lichten Schatten der umgebenden, hohen Bäume.

LINKS Wer würde hier nicht gerne am Teich verweilen! Beschirmt durch einen japanischen Fächer-Ahorn, gedeihen hier neben Rhododendren und Azaleen viele rosa Primeln *(Primula japonica)* und Ostasiatische Scheincalla *(Lysichiton camtschatcensis)*, die sich im Wasser am wohlsten fühlt.

OBEN Dies ist der unterste, ebene Bereich des Sammlergartens nahe am Eingang. Hier zeigen Strauch-Päonien ihre ganze Pracht, eingebettet in einen grünen Rahmen aus zahlreichen Gehölzen.

UNTEN Den Teichrand teilen sich links der Trichterfarn *(Matteuccia struthiopteris)*, Borsten-Iris *(Iris setosa)* sowie rechts die Zitronen-Taglilie *(Hemerocallis citrina)*. Dahinter ragen die Azalee *Rhododendron molle* und Sämlinge der Strauch-Päonie *Paeonia suffruticosa* auf.

EINE MALERISCHE TEICHLANDSCHAFT breitet sich inmitten von Gehölzen und feuchtigkeitsliebenden Stauden aus. Myriaden von rosa Etagen-Primeln *(Primula japonica)*, durchwebt von gelbem Scheinmohn *(Meconopsis cambrica)*, fühlen sich im lichten Schatten einer 15 Meter hohen Spanien-Tanne *(Abies pinsapo)* sichtlich wohl. Taglilien *(Hemerocallis)* und Borsten-Iris *(Iris setosa)* gefällt es am Beckenrand besonders gut. Dem Auge bieten in Form geschnittene Nest-Fichten *(Picea abies* 'Nidiformis') und Zwerg-Fichten *(Picea abies* 'Pygmea') Halt. Wegen ihres gedrungenen Wuchses werden letztere mitunter auch Gnomen-Fichte genannt. Gerne lässt man sich dort nieder und genießt die Ruhe und die Harmonie, die dieser Ort verströmt. Die Spiegelung des roten Fächer-Ahorns *(Acer palmatum)* auf der glatten Wasseroberfläche ist genauso hübsch anzuschauen wie jene stahlblauen Libellen, die wie Zauberwesen durch die Lüfte schwirren. Eine am Wasser platzierte Eisenbank ist wie geschaffen, um den Gartenbesucher zur Betrachtung einzuladen.

Hinter ihrem Rücken lugt eine sogenannte Rockii-Hybride hervor, eine Strauch-Päonie mit weißroten Blüten, die Josef Stinglhammer aus Samen vermehrt hat. Sie behauptet sich tapfer gegenüber der farblich überlegenen, kräftig gelb blühenden Azalee. Das Vermehren und Züchten von Päonien ist im Laufe der Jahre zur Passion geworden. Inzwischen bevölkern rund 40 Sorten Stauden-Päonien und ebenso viele Strauch-Päonien den Garten. Einen besonderen Stellenwert genießt die weiße Pfingstrose *(Paeonia officinalis)*. Sie trifft man nur äußerst selten an.

AZALEEN UND RHODODENDREN stellen einen weiteren Blütenschwerpunkt dar. Alljährlich im Mai laufen sie zur Hochform auf und tauchen den Garten in ein Blütenmeer. Auch im zeitigen Frühling wartet der Garten mit Besonderheiten auf. Alpenveilchen *(Cyclamen)* und Leberblümchen *(Hepatica)* in Blau, Weiß und Rosa läuten den Neubeginn der Gartensaison ein, gefolgt von Maiapfel *(Podophyllum)*, Aronstab *(Arum)* und Dreiblatt *(Trillium)*. Hinter dem Teichensemble findet sich versteckt ein kleines, quadratisch angelegtes Raritätengärtlein. Mannshohe Rhododendren finden sich am äußeren und hinteren Ende des Grundstücks, durch eine hohe Hainbuchenhecke von der Außenwelt abgeschirmt. Bärlauch *(Allium ursinum)* hat sich hier breitgemacht. Er ist nicht nur adrett anzusehen, sondern findet auch Verwendung in der Stinglhammerschen Küche.

Der Garten ist gen Osten ausgerichtet, somit bringt ihn das Morgenlicht zum Leuchten und taucht die Teichlandschaft in den frühen Stunden in ein bezauberndes Licht. Blickt man von dort aus nach oben, ist eine deutliche Strukturierung erkennbar. Das steile Gelände wurde in drei quer zum Hang verlaufende Gartenräume eingeteilt, abgegrenzt durch eine ausgeklügelte Bepflanzung mit Bäumen, Formschnittgehölzen und Stauden. Dazwischen erstrecken sich ruhige Rasenbänder, die sich Serpentinen gleich nach oben winden. Dieses sich wiederholende Schema bringt Rhythmus in den Garten. Folgt man der Steigung ganz nach oben, entdeckt man die Kinderstube der Raritäten. Hier befindet sich das Versuchsfeld von Josef Stinglhammer.

LINKS Von dieser hohen Warte aus genießt man bereits einen Blick in den unteren Gartenteil. Neben der gelb blühenden Azalee *Rhododendron molle* wurde eine Eibe *(Taxus baccata)* in Kugelform geschnitten. Im Hintergrund erfreut eine stattliche Kolkwitzie *(Kolkwitzia amabilis)* im Frühling mit ihren rosa Blüten.

HUNDERTE VON TAGLILIEN UND PÄONIEN stehen dort in Reih und Glied, letztere allerdings in Töpfen, die akribisch genau mit Nummern versehen sind. Jede Züchtung erhält ihr eigenes Etikett, der Gärtner führt genau Buch, um Verwechslungen auszuschließen. Der sonst so ruhige Gartenbesitzer sprudelt förmlich über, wenn er einem Laien die Techniken der Pflanzenvermehrung erklärt. Viele Arbeitsschritte sind notwendig, um eine blühfreudige und robuste Sorte zu züchten. Bevor die Blüte aufbricht, wird sie von Hand geöffnet. Mit einer Pinzette werden die Staubgefäße, die den männlichen Teil der Blüte darstellen, entfernt. Somit ist gewährleistet, dass weder Fremd- noch Eigenbestäubung stattfindet. Über die verbleibende Narbe, dem weiblichen Teil der Pflanze, stülpt Herr Stinglhammer einen kleinen Hut aus Alufolie. Nach ein bis zwei Tagen wird die Narbe mit dem Pollen eines würdigen Partners bestäubt. Dabei ist der experimentierfreudige Gärtner mit dem Pinsel zugange. Erst im darauffolgenden Herbst zeigt sich, ob die Kombination gelungen ist. Ein bis zwei weitere Jahre benötigen die Samen, um zu keimen, und nach weiteren sechs Jahren zeigt sich schließlich und endlich die erste Blüte. Geduld ist also wahrhaftig gefragt! Hat sich eine Sorte dann bewährt, wandert sie in den unteren Gartenbereich.

Eine dichte Rotbuchenhecke *(Fagus sylvatica)* friedet das Grundstück auf drei Seiten ein und sorgt für Raumgefühl und Privatsphäre. Über einen letzten Rasenweg gelangt man schließlich wieder talwärts zum Wohnhaus, an dessen südlich ausgerichteter Stirnseite eine überdachte Terrasse zum Genießen einlädt.

Ein großes Herz für Stauden, Gehölze und Kletterpflanzen

GESTALTER	EIGENENTWURF, ÜBERARBEITUNG DURCH GARTENARCHITEKT KLAUS KAISER
GRÖSSE	2000 QM
KENNZEICHEN	STAUDENGARTEN MIT ZAHLREICHEN GEHÖLZEN, CLEMATIS UND ANDEREN KLETTERPFLANZEN AM WALD-/WIESENRAND

~ DER GARTEN VON ILONA UND HERBERT MEVES

Der Traum vom Landleben ging für Familie Meves vor über 35 Jahren mit dem Erwerb eines 170 Jahre alten Bauernhauses in Alleinlage in Erfüllung. Zu dem großen Haus gehört ein drei Hektar umfassendes Grundstück, auf dem ursprünglich Landwirtschaft betrieben wurde. Herbert Meves und seine Frau Ilona sehnten sich nach einer Lebensweise in Harmonie mit der umgebenden Natur und verwandelten in den folgenden Jahren die Äcker in Wiesen, pflanzten Hunderte von Bäumen und Sträuchern und gaben Pferden, Schafen und allerlei Federvieh auf ihrem Grund ein Zuhause.

Für den Orthopäden war die Arbeit in Hof und Garten ein willkommener Ausgleich zur beruflichen Tätigkeit. Seine Frau fand bereits bald nach dem Einzug große Freude daran, einen Kräuter- und Gemüsegarten nach dem Muster eines klassischen, buchsgefassten Bauerngartens anzulegen. Natürlich waren auch blühende Beete gewünscht und es entstanden erste Ziergartenflächen noch direkt am Haus. Über die Jahre wuchs der Garten immer weiter ins Land hinein. Die letzte Erweiterung erfolgte vor zehn Jahren mit der Unterstützung des befreundeten Gartenarchitekten Klaus Kaiser. Insgesamt haben die Meves rund 2000 Quadratmeter ihres Grundes als Garten gestaltet, der harmonisch in die umgebenden Weideflächen übergeht.

»DIE BESCHÄFTIGUNG MIT ERDE UND PFLANZEN KANN DER SEELE EINE ÄHNLICHE ENTLASTUNG UND RUHE GEBEN WIE DIE MEDITATION.«

HERMANN HESSE

RECHTS Ein schattiger Sitzplatz auf der Ostseite des Hauses unter einer luftigen Pergola, die den Blick gen Himmel nicht versperrt. Darüber rankt sich malerisch die wuchsfreudige und sehr winterharte Waldrebe *Clematis fargesioides* mit tausend kleinen sternförmigen Blüten in Cremeweiß.

IN DREI RÄUMEN GRUPPIERT sich der Garten der Familie Meves um das in Nord-Süd-Richtung liegende Wohnhaus. Er ist umgeben von prächtigen Blütengehölzen, die neugierige Blicke von außen fern halten. Man betritt den Garten durch ein breites Eichenholztor, von dort führt ein langgezogener granitgepflasterter Weg zum Hauseingang. Rechts und links des Weges begleitet den Besucher eine natürlich und locker anmutende Staudenbepflanzung, in der vom zeitigen Frühjahr bis in den späten Herbst hinein die Lieblingsfarbe des Hausherren dominiert: Blau. Im Frühsommer blühen dort blau- und lilafarbene Glockenblumen *(Campanula)*, Ziest *(Stachys)*, Katzenminze *(Nepeta* x *faassenii)* und Storchschnabel *(Geranium)* zwischen den gelben Tupfern vom Frauenmantel *(Alchemilla mollis)* und riesigen Tuffs aus hellrosa Phlox *(Phlox paniculata)*. Die Rosen 'Maaseik 750', 'Katharina Zeimet' und 'Schneewittchen' fügen sich eher zurückhaltend ein, nur der Rambler 'Pleine de Grace' hat es geschafft, die hausnahen Bäume zu überwachsen und zieht zur Blütezeit alle Blick auf sich. In den luftigen Staudenbeeten setzen einige Buchskugeln Akzente.

Ein paar Schritte weiter betört der Duft des Schneeballs *(Viburnum sieboldii)* und gegenüber erfreut eine rot blühende Kastanie *(Aesculus* x *carnea)* im Frühsommer den Besucher mit ihren stolzen Blütenkerzen. Hinter einer mächtigen Kegelfichte erscheint nun das mit Wein und Kletter-Hortensien berankte Wohnhaus. Die Haustür wird von zahlreichen Terracottakübeln gerahmt, in denen selbst gezogene Buchskugeln thronen. Hier ist der Lieblingsplatz des weißen Schäferhundes Ivo, der gerne alles im Blick

OBEN Mit viel Gespür wurde von den Gartenbesitzern ein Buchsarrangement in formschönen Terrakottagefäßen am Hauseingang angeordnet. Die Hausfassade erobern Weinranken, Efeu und eine Kletter-Hortensie.

LINKS Unter Rosen und Clematis lässt sich auf der Südseite des Hauses die Sonne genießen. 'Betty Corning', eine Clematis der Viticella-Gruppe ist gleich in doppelter Ausführung vertreten. Ihre blauen Blütenglöckchen duften auch ganz apart. Im Hintergrund die öfterblühende Rose 'Guirlande d'Amour' in Weiß.

OBEN Der Garten ist so angelegt, dass er mit der umgebenden Landschaft kommuniziert. Von hier genießt man einen Blick auf die Schafweide und die dahinter liegende Waldlandschaft. Das Hangbeet rechts neben der Treppe ist vorrangig mit blauen und gelben Stauden bestückt.

UNTEN Eine Natursteintreppe führt in den unteren Gartenteil, flankiert von Buchskugeln, Wolfsmilch, Katzenminze, der Rose 'Golden Wings' und rechter Hand von dem aufrecht wachsenden Pfeifenstrauch *(Philadelphus)* 'Belle Etoile', dessen große Blüten angenehm duften.

hat und Besucher mit einem Schwanzwedeln begrüßt. Eingefasst wird der grob gepflasterte Vorplatz von frei wachsenden Gehölzen, die von den ersten Frühjahrstagen an mit den zart roséfarbenen Blüten des Winter-Schneeballs *(Viburnum* x *bodnantense)* bis zum Ende der Vegetationszeit mit dem flammend roten Laub des Feuer-Ahorns *(Acer ginnala)* immer einen Blickfang bieten.

DIE GROSSE SÜDTERRASSE, den bevorzugten Aufenthaltsplatz des Ehepaars Meves, erreicht man über einen schmalen Durchgang, der an der Südwestseite des Hauses vorbei führt. Hier geht man unter einem Baldachin, der aus der Kletterrose 'Guirlande d' Amour' und der Clematis 'Blue Angel' gebildet wird, vorbei an einem mannshohen Wächter aus Holzschnitzerei. Die mit Porphyrplatten belegte Terrasse ist mit einer filigranen Pergola überdacht, an der Wein *(Vitis vinifera)* und eine Glyzine *(Wisteria)* im Sommer lichten Schatten spenden. Im Frühling verbreitet letztere ihren betörenden Duft und erfreut die Gärtner mit ihren lilablauen Blüten. Im Herbst wachsen den Meves die Trauben dort quasi in den Mund. Zum Garten hin werden die Pfeiler der Pergola von der Kletterrose 'New Dawn' berankt, in die Italienische Waldreben *(Clematis viticella)* verwoben sind, mit Blüten von zartem Blau über Lila bis zum kräftigen Purpur. Der Liebling der Familie ist die Clematis *(C. viticella)* 'Betty Corning', die mit ihren zartblauen Glöckchen ausdauernd blüht. Ein charmant verwitterter Holztisch, umstanden von einer Bank und einigen Stühlen, lädt dazu ein, im Sommer die Mahlzeiten nach draußen zu verlegen und den fantastischen Blick über den Garten und die romantische, leicht hügelige Landschaft zu genießen. Im Schatten an der Hauswand sorgen einige mit Bauern-Hortensien *(Hydrangea macrophylla)* bepflanzte Terrakottakübel für farbige Abwechslung. Auf der anderen Seite des Sitzplatzes baumeln rot leuchtende Fuchsienblüten in der Sommerbrise.

Von der Mitte der Terrasse fließt ein breites Kiesbeet den Hang hinunter. Im Frühjahr leuchtet hier mit großen lila Kugeln blühender Zier-Lauch *(Allium)* in einem Meer aus Lavendel *(Lavandula angustifolia)*, Katzenminze *(Nepeta* x *faassenii)*, Wolfsmilch *(Euphorbia)* und Steppen-Iris *(Iris spuria)*. Die eleganten Blüten der Tulpe 'White Triumphator' tanzen als weiße Farbtupfer durch das Beet. Akelei *(Aquilegia)*, die glockenblumenähnliche Ballonblume *(Platicodon)*, Bleiwurz *(Plumbago)* und Astern *(Aster)* variieren das Farbthema bis in den Herbst hinein. Herbert und Ilona Meves haben große Freude daran, dieses Beet immer wieder in Textur, Farbe und Form neu zu gestalten.

RECHTS UND LINKS VOM HAUS heben zwei halbkreisförmige Natursteinmauern das Gefälle auf das Niveau der Terrasse. Hier finden sich Kostbarkeiten wie die pflaumenfarbig blühende Persische Kaiserkrone *(Fritillaria persica)* mit ihren glockenbehängten Kerzen und die Kaukasus-Pfingstrose *(Paeonia mlokosewitschii)* mit ihren einfachen, pastelligen Blüten. Bergenien *(Bergenia)* und Blut-Storchschnabel *(Geranium sanguineum)* zusammen mit Gräsern und Brandkraut *(Phlomis)* sorgen für Abwechslung und Kontraste ebenso wie die zahlreichen Buchsbäume, die nicht

RECHTS Gleich neben dem ländlichen Gemüsegarten befindet sich ein Granittrog, in dem sich das Gießwasser für die Pflanzen angenehm erwärmen kann. Umrahmt wird das Brunnen-Ensemble von der englischen Rose 'Heritage', die das Gärtnerpaar bis zum Frost mit Blüten verwöhnt.

in formaler Strenge eingesetzt sind, sondern als auflockernde Einzelpflanzen oder in kleinen Trupps.

Steigt man links der Terrasse die Stufen hinab, so begleitet einen ein Teppich aus Kaukasusvergissmeinnicht *(Brunnera macrophylla)*, dessen zarte Blüten im Wind zittern. Im Frühjahr lugen hier die Blütenstängel der hohen Märzenbecher *(Leucojum aestivum)* 'Gravetye Giant' und der Darwin-Tulpe *(Tulipa)* 'Ivory Floradale' aus dem blauen Blütenmeer hervor. Über allem schweben die Blüten eines alten Apfelbaumes, der – völlig überwuchert von *Clematis fargesioides* – im Sommer ein zweites Mal erblüht.

MEHRERE BLUMEN-HARTRIEGEL *(Cornus)* verdecken zunächst die Sicht auf einen kleinen runden Sitzplatz in einem weiteren Gartenraum ein paar Schritte unterhalb der Terrasse. Er wird umrahmt von einer Schirm-Magnolie *(Magnolia tripetala)* sowie intensiv duftenden Gehölzen wie der elfenbeingelben Magnolie 'Elisabeth', dem Wohlriechenden Schneeball *(Viburnum carlesii)* 'Aurora' und dem Gartenjasmin *(Philadelphus)* 'Belle Etoile'. An diesem halbschattigen bis schattigen Ort fühlen sich auch Funkien *(Hosta)*, Farne, Japan-Anemonen *(Anemone* x *hybrida)* und Fingerhut *(Digitalis purpurea)* wohl. Etwas zurückversetzt steht auf hohen Stelzen das schwedenrote Kinderhaus neben einer kleinen Sandkiste, überwuchert von den Rosen 'Veilchenblau' und 'Scintillation'. Für die Enkelkinder ist dieser kleine Hochsitz ein beliebter Beobachtungsposten für die auf der unmittelbar davor liegenden Koppel weidenden Pferde und Schafe.

Auf dem Weg rechts der Terrasse, der in das Staudenreich hinein führt, bilden die Strauchrosen 'Omi Oswald' und 'Golden Wings' sowie ein rotlaubiger Spierstrauch *(Spirea japonica)* 'Dart's Red' zu beiden Seiten das Gerüst. Dazwischen tummeln sich Brandkraut, Katzenminze, Storchschnabel und diverse Gräser. Schließlich gelangt man auf einen Rasen, umrahmt von Beeten in weichen Schwüngen, der nahtlos in die Weide übergeht.

IM OSTEN AUF DER GIEBELSEITE des Hauses gelegen befindet sich ein Innenhof – der älteste Gartenteil des Anwesens. Eine an der Hauswand entlang gezogene Pergola aus Eisenrohr bietet Kletterrosen und Clematis Gelegenheit, sich zu entfalten. Im darunter liegenden Halbschatten gedeihen Funkien, Hortensien und Buchs. Die Hausfassade ist in weiten Teilen von Efeu *(Hedera helix)* überwachsen, am Pferdestall hängt der Wilde Wein *(Parthenocissus)* in Lianen herab – ein Bild von geradezu urwaldähnlicher Üppigkeit.

Zu einem besonderen optischen Anziehungspunkt ist eine prächtige Samt-Hortensie *(Hydrangea sargentiana)* geworden, dazu gesellen sich ein riesiger Blumen-Hartriegel *(Cornus nutallii)* sowie eine schon übermannshohe Buchskugel. Diese Gehölze verdecken mittlerweile fast vollständig den Hannichelzaun, der den Kräuter- und Gemüsegarten umgibt. Für Freude bei der Nutzpflanzenpflege sorgt der wunderschön patinierte Brunnen aus Naturstein, zu dessen Füßen sich eine kleine Sammlung historischer Gießkannen präsentiert.

Mein Traum vom Dornröschengarten

GESTALTER EIGENENTWURF
GRÖSSE 1300 QM
KENNZEICHEN ROSENGARTEN AM SÜDHANG

~ DER GARTEN VON EVI PELZER

Bücher spielten in meinem Leben schon immer eine bedeutende Rolle. Bereits im Kindesalter gab es zwei Werke, die mich ganz besonders in ihren Bann zogen: »Dornröschen« von den Gebrüdern Grimm und Burnetts »Geheimer Garten«. Bis ins Erwachsenenalter habe ich mir die Vorstellung eines märchenhaften, verwunschenen Gartens bewahrt und setzte ihn schließlich in die Tat um. Im Laufe von rund 20 Jahren schuf ich mithilfe meines Mannes Joachim auf 1300 Quadratmetern einen Rosengarten, der beim ersten Betreten nicht sofort überschaubar ist, sondern in versteckte Gartenräume gegliedert wurde und dadurch geheimnisvoll wirken soll. Eine naturnahe Ausrichtung war mein oberstes Ziel.

Da eine leidenschaftliche Gärtnerseele auch in den kalten Wintermonaten in Gartenträumen schwelgen möchte, galt es, die Blütenpracht des Sommers bildlich festzuhalten. Meine Blumen standen hierfür geduldig Modell und so kam ich durch den eigenen Garten zur Fotografie. Besonders frühmorgens, wenn die ersten schräg einfallenden Sonnenstrahlen die Erde berühren, trifft man mich oftmals, ausgerüstet mit Kamera und Stativ, liegend, kniend und hin und wieder auch im Schlafanzug im Garten an. Als gelernte Buchhändlerin saß ich an der Quelle der Inspiration, erwarb sodann eine Fülle von Garten- und Fotobüchern. Diese trugen dazu bei, meinen fotografischen Blick zu schulen und mein technisches Wissen zu vertiefen. Seit Anfang 2009 habe ich mein Hobby zum Beruf gemacht und bin nunmehr ständig unterwegs, um besondere Gärten abzulichten.

»IN DEN KLEINSTEN DINGEN ZEIGT
DIE NATUR DIE ALLERGRÖSSTEN WUNDER.«

CARL VON LINNÉ

RECHTS Im jüngsten Gartenteil dominieren die Rosen! Den Geräteschuppen erobert die malerische englische Kletterrose 'Constance Spry', im Hintergrund der weiß blühende Rambler 'Multiflora'.

 BERGE VON LEHM MUSSTEN nach der Fertigstellung des Wohnhauses erst mal beseitigt und dem stark abfallenden Gelände begehbare Flächen abgerungen werden. Dies geschah durch eine Terrassierung mit Trockenmauern aus tonnenschweren Granitsteinen. Ein kräftezehrendes und schwieriges Unterfangen! Um aus einem gewöhnlichen Gartenzuschnitt etwas Besonderes zu schaffen, habe ich mein Refugium in kleine, rund ums Haus gruppierte Gartenzimmer eingeteilt.

Rosen durften in einem romantischen Garten natürlich nicht fehlen. Etwa hundert vorwiegend historische Strauch- und Kletterrosen hielten Einzug in den Garten. Die frostempfindlichen Englischen Rosen haben es im hiesigen rauen Klima schwer, aus diesem Grund entschied ich mich für die alten Rosensorten. Sie blühen zwar leider nur einmal im Jahr, dafür jedoch überreich und mit einem atemberaubenden Duft. Den Auftakt bildet eingangs die früh blühende 'Louise Odier' auf der Südseite des Hauses. Zusammen mit einem Meer von blauen Glockenblumen *(Campanula poscharskyana)*, Duftnelken *(Dianthus)* und Rispen-Hortensien *(Hydrangea paniculata)* bevölkert sie das Staudenbeet neben der Terrasse. Parallel dazu erstreckt sich ein weiteres Blumen- und Gräserbeet, dazwischen eine ruhige Rasenfläche, an deren Ende die unlängst erbaute Gartenlaube steht. Sie wurde mit vielen hohen Fenstern bestückt, die einerseits den Wind abhalten und andererseits den Blick auf den Garten nicht verwehren.

Ein geschwungener Pfad, mit kleinen Kopfsteinwürfeln belegt, geleitet zum nächsten Gartenkabinett. Hier dominiert die

OBEN Eine Treppe aus Naturstein führt an das untere Ende des Gartens, flankiert von Frauenmantel *(Alchemilla mollis)*, Pfingstrosen und blauen Glockenblumen *(Campanula porscharskyana)*.

LINKS Im Gemüsegarten hat die Heckenkirsche *(Lonicera nitida)* 'Maigrün' den Buchs ersetzt. Zwerg-Duftflieder *(Syringa meyeri)* 'Palibin' bildet den Mittelpunkt des Quadrats. Links am Bogen wächst die pinkfarbene Ramblerrose 'Taunusblümchen', verwoben mit 'Venusta Pendula', dahinter erheben sich 'Paul's Himalayan Musk' und 'Bobby James'.

176

OBEN Der starkwüchsige Rambler 'Bobby James' hat den Bogen am Schwenkbrunnen gänzlich vereinnahmt. Mehrmals im Jahr müssen seine Triebe geschnitten werden, um ihn im Zaum zu halten. Dahinter verweben sich die Rambler 'Veilchenblau' und 'Paul's Himalayan Musk'.

UNTEN Eine Frühlingsansicht mit Blick vom obersten Teil des Gartens in den Gemüsegarten. Als Trennwand zwischen den beiden Gartenteilen dient eine niedrige Hainbuchenhecke. Akeleien, Kugel-Lauch und Bart-Iris übernehmen Anfang Mai das Regiment.

mächtige, pinkfarbige und stark gefüllte Strauchrose mit dem altmodisch klingenden Namen 'Neukirchner Schöne'. Vor Jahrzehnten wurde sie in einem alten Bauerngarten entdeckt und von einer hiesigen Baumschule vermehrt. Sicher sucht man sie in Rosenenzyklopädien vergeblich. Den Hofstaat der Schönen bilden Frauenmantel *(Alchemilla mollis)*, Bart-Iris *(Iris-Germanica*-Hybriden) nebst Wald- *(Geranium sylvaticum)* und Wiesen-Storchschnabel *(G. pratense)* sowie weitere Blütenstauden in Pastelltönen. Kleinblütigen Pflanzen gebe ich aufgrund ihres lockeren und duftigen Wiesenblumencharakters den Vorzug. Bei Pfingstrosen *(Paeonia)* drücke ich jedoch gerne ein Auge zu.

ÜBER EINE MASSIVE NATURSTEINTREPPE gelangt man an das untere Ende des Grundstücks, in dem sich eines meiner wenigen Schattenbeete befindet. Unter einem morschen Zwetschgenbaum habe ich ein winziges Farn- und Gräserbeet angelegt, das allerdings in trockenen Hochsommermonaten nicht ohne Gießwasser auskommt. Wieder zurück, setzt sich der Gartenrundgang durch zwei Rosenbögen fort. Der erste leidet inzwischen sehr unter der Last einer 'Ayrshire Queen' und hat dem Sturm im vergangenen Jahr nicht standgehalten. Joachim und unsere beiden Söhne richteten das »Monster« wieder auf.

Weiter führt der Weg an einem dicht bewachsenen Hang vorbei. Dem Schattenwurf des Hauses entsprechend habe ich diesen teilweise mit sonnenhungrigen, teils mit lichten Schatten liebenden Stauden bepflanzt. Schneeglöckchen *(Galanthus nivalis)* und Lenzrosen *(Helleborus orientalis)* läuten den Frühling ein, abgelöst von zarten Elfenblumen *(Epimedium)* und himmelblauen Gedenkemein *(Omphalodes)*. Im Hochsommer gesellen sich zahlreiche Herbst-Anemonen *(Anemone* x *hybrida)* hinzu. Obwohl ich keine Pflanzensammlerin bin, habe ich diesen Stauden einen Ehrenplatz zugewiesen und lasse keine Gelegenheit verstreichen, um an weitere Sorten zu gelangen. Diese hübschen und fotogenen Pflanzen verkörpern eine gewisse Leichtigkeit, die in meinem naturnahen Garten nicht fehlen darf. Genauso ergeht es mir mit den feenhaften Akeleien (Aquilegia). Obwohl sie sich dreist, frech und wahllos in einem der Beete niederlassen, sind sie in meinem Garten ein gern gesehener Gast. Fetthennen *(Sedum)*, tiefblaue Bartblumen *(Caryopteris* x *clandonensis)* und filigrane Gräser prägen das herbstliche Bild des Gartens.

LEICHT BERGAUF GEHEND, vorbei an dem von den Ramblerrosen 'Veilchenblau' und 'Paul's Himalayan Musk' gänzlich vereinnahmten Pavillon, gelangt man schließlich in einen idyllischen Hinterhof auf der Nordseite des Hauses. Obwohl ich eher sparsam mit Gartenaccessoires umgehe, mag ich es an diesem versteckten Lieblingsplatz eher verspielt. Als Bodenbelag haben wir rote Steine gewählt, weshalb jenes Gartenzimmer von uns spaßeshalber als »Roter Platz« bezeichnet wird. Funkien *(Hosta)* in Töpfen, die auch den Winter im Freien sehr gut überstehen, einjährige Sommerblumen in Steintrögen sowie die überbordende Ramblerrose 'Bobby James', die sich über ein schmiedeneisernes Gartentor

RECHTS Dieser Gartenteil wurde nach englischem Vorbild gestaltet. In der Mitte steht ein Pavillon mit Pflanztrog. Er wird berankt von Ramblerrosen: rechts die dunkelrosa 'Russeliana' und dahinter die weiße 'Venusta Pendula'. Darum herum in geometrischer Anordnung sechs Bögen, die ebenfalls von Ramblerrosen überwachsen werden.

ergießt, tragen zu einer herrlichen Romantikstimmung bei. Der mittig platzierte Brunnen mit Schwenkpumpe befördert das Regenwasser aus Zisternen nach oben. Hier endete ursprünglich mein Gartenareal, doch damit war's noch nicht genug!

VON EINEM FREUNDLICHEN LANDWIRT pachtete ich ca.150 Quadratmeter Wiesenland hinzu. Aus der dreieckigen Fläche entstand ein Gemüse- und Kräutergärtchen nach historischem Vorbild. An dessen Stirnseite thront ein kleines Anzuchthäuschen. Ich hatte es in einem Gartenbuch entdeckt, es gefiel mir so sehr, dass mein lieber Gatte spontan zum Werkzeug griff und es originalgetreu nachbaute. Die Gliederung der Gemüsebeete übernahm damals eine akkurat geschnittene Buchshecke. Vor einigen Jahren kam es dann zum gärtnerischen Supergau. Die Buchseinfassung verlor schlagartig ihr Laub! Wie ein Lauffeuer raste die Krankheit durch unseren Garten. Nach monatelanger Recherche im Internet stand die Diagnose fest: *Cylindrocladium buxicola*, der gefürchtete Buchspilz, war hier zugange und hinterließ unbelaubte Buchssträucher und eine unendlich traurige Gärtnerin. Nach anfänglichem Schockzustand schritt ich zur Tat und entfernte schweren Herzens den kranken Patienten.

Nun mussten Ersatzpflanzen her. Die Einfriedung des Gemüsegartens übernimmt seither die Heckenmyrthe *(Lonicera nitida)* 'Maigrün'. Nach Wintern mit schlimmen Spätfrösten ist es allerdings mit dem »Maigrün« nicht mehr weit her. Die sonst so Schnellwüchsige braucht dann meist bis weit nach Ostern, um sich wieder zu erholen. Eibenkugeln und -säulen *(Taxus)* sorgen nun anstelle des Buchses für Ruhepole. Berberitzen *(Berberis)* waren meine Wahl für die sonnigen Bereiche.

DER JÜNGSTE GARTENBEREICH wurde erst im Jahre 2003 »annektiert« und das kam so: Auf einer Englandreise verliebte ich mich in unzählige Duft- und Ramblerrosen. In allen Jackentaschen steckten Notizen, auf denen ich meine Wunschkandidaten vermerkt hatte. Da mein Garten ob der Pflanzenfülle bereits aus allen Nähten platzte, gab es nur eine Möglichkeit: Ich musste den Landwirt nochmals um ein Fleckchen Erde bitten. Er willigte ein, mein geplagter Ehemann musste den Gartenzaun erneut versetzen. Im heißen Jahrhundertsommer 2003 trug ich eigenhändig bei schweißtreibenden 35 Grad Celsius die Grasnarbe ab, verteilte Unmengen von Humus und legte dort entkräftet, aber glücklich einen englischen Rosengarten mit Wegekreuz an.

Seither erklimmen dort Rambler- und Kletterrosen in den Farben Weiß, Rosa und Pink die filigranen Rankbögen. Zu deren Füßen pflanzte ich Stauden und Gräser, die Trockenheit und reichlich Sonne vertragen. Der oberste und letzte Bereich ist wohl der von den Besuchern am meist bestaunte, aber auch der arbeitsintensivste. Rosen wie 'Himmelsauge', 'Russeliana' und 'Adelaide d'Orleans' wollen mehrmals im Jahr geschnitten werden. Leider ist mir nicht vergönnt, wie Dornröschen in 100-jährigen Schlaf zu versinken, nur ein beherzter Griff zur Schere kann diesen mächtigen Kletterern Einhalt gebieten!

Meine Leidenschaft für Rhododendren

GESTALTER	EIGENENTWURF
GRÖSSE	3000 QM
KENNZEICHEN	RHODODENDRON- UND AZALEENGARTEN MIT TEICH SOWIE EIN ROSENGARTEN AM HAUS

~ DER GARTEN VON MARTHA WINKLMAIER

Bereits als Kind entdeckte Martha Winklmaier, die mit zwei Geschwistern auf einem Bauernhof aufwuchs, ihre Gartenleidenschaft. Auf dem elterlichen Grund durfte sie einen kleinen Flecken selbst gestalten und bepflanzte ihr erstes eigenes Gärtchen mit einjährigen Sommerblumen, wie Bechermalven, Löwenmaul und Studentenblumen. Sie blieb ihrer Herkunft treu und heiratete mit ihrem Mann Georg einen Landwirt. 1986 baute die Familie ein neues Wohnhaus auf dem Hof. Inspiriert von einem Artikel aus einer Gartenzeitschrift, träumte Martha Winklmaier davon, selbst einen solch schönen Garten anzulegen. Zu Anfang musste sie jedoch viel Lehrgeld zahlen: Ihr Garten liegt in einer Senke, dort wurde früher Kies abgebaut. Außerdem gediehen die anfangs ausgewählten sonnenbedürftigen Stauden nicht im Schatten der hohen Bäume, die das Grundstück umgeben.

Also krempelte die temperamentvolle Gärtnerin die Ärmel nochmals hoch und machte mithilfe ihres Mannes einen zweiten Anlauf. Die schweren Geräte aus der Landwirtschaft kamen ihr bei den groben Arbeiten gerade recht. So wurde auf die tiefer gelegenen Gartenteile reichlich Erde und Torf aufgebracht. Denn ihre Kinder hatten die wachsende Freude der Mutter am Gärtnern aufmerksam registriert und ihr zum Muttertag einen Rhododendron geschenkt – und dieser schätzt bekanntlich sauren Boden. Das Geschenk war der Beginn einer neuen Leidenschaft. Seit 23 Jahren bekommt die Gärtnerin nun jedes Jahr einen neuen Rhododendron dazu. Mittlerweile hat Martha Winklmaier ihren Garten um zwei weitere Bereiche – einen Rosengarten und eine Teichlandschaft – vergrößert.

»EIN GARTEN ENTSTEHT NICHT DADURCH, DASS MAN IM SCHATTEN SITZT.«

RUDYARD KIPLING

RECHTS Um den Teich mit Sauerstoff anzureichern, wurde ein Bachlauf angelegt. An dessen Ufer schmiegt sich Straußfarn *(Matteuccia struthiopteris)* mit seinen eleganten Wedeln sowie der rundblättrige Frauenmantel *(Alchemilla mollis)*. Links und rechts davon residiert Rhododendron 'Gomer Waterer' mit blassrosa Blüten.

IN LANDWIRTSCHAFTLICH GEPRÄGTER Umgebung, in einem kleinen Weiler, liegt der Garten von Martha Winklmaier. Nach der dritten Erweiterung umfasst er mittlerweile etwa 3000 Quadratmeter, untergliedert in drei Gartenräume rund um das Wohngebäude. Über eine gepflasterte Hofeinfahrt auf der Südseite des Grundstückes gelangt man in einen Innenhof. Er wird von dem Wohnhaus, einem Pferdestall und dem alten Hofgebäude umgeben. Gegenüber dem Eingang führt eine von zwei mächtigen Funkien *(Hosta)* eingerahmte Natursteintreppe hinunter in den Rosengarten der Familie mit mehr als 80 verschiedenen Sorten. Dieser geschützt liegende Gartenteil war ursprünglich der Gemüsegarten des Schwiegervaters.

Heute markiert das Zentrum in diesem Gartenraum eine Insel mit Frauenmantel *(Alchemilla mollis)* und Lavendel *(Lavandula angustifolia)*, die sich zu Füßen der üppigen Ramblerrose 'Bobby James' ausbreitet. Sie hat inzwischen einen abgestorbenen Birkenstamm vollständig überwachsen. An dem lang gestreckten alten Bauernhaus mäandert ein Beet mit weiteren weiß- und cremefarben blühenden Rosen, Katzenminze *(Nepeta* x *faassenii)*, Schwertlilien *(Iris*-Germanica-Hybriden) und anderen Bauerngartenstauden entlang. Linker Hand grenzt der bis unter die Traufe mit Wildem Wein *(Parthenocissus)* behaftete Pferdestall an. Die tiefgrüne Wand bietet Insekten und Vögeln Nahrung und Unterschlupf, im Herbst leuchtet sie in flammendem Rot. Davor rankt die Kletterrose 'Eden Rose '85' empor und sorgt während ihrer Blütezeit für roséfarbene Tupfer.

OBEN Eine reich blühende Japanische Zierkirsche *(Prunus* 'Accolade), inzwischen 15 Jahre alt, erhebt sich Anfang bis Mitte April zum absoluten Mittelpunkt des Frühlingsspektakels.

LINKS Eine schlichte Holzbrücke führt über den Teich. Zwischen farbintensive Rhododendren gesellen sich Straußfarne und hunderte von Akeleien. Weiß panaschierte Funkien *(Hosta sieboldii* und *H.* 'Undulata Univittata') sowie Cambridge-Storchschnabel *(Geranium* x *cantabrigiense)* begrenzen die geschwungenen Rasenbeete.

OBEN Um die Baumscheibe der Zierkirsche vor dem Austrocknen zu bewahren, wurde auch hier Cambridge-Storchschnabel gewählt, er erträgt Wurzeldruck. Dahinter erhebt sich die rosa Azalee 'Raimunde'.

UNTEN Dem sehr langsam wachenden Japanischen Gold-Ahorn *(Acer shirasawanum* 'Aureum') scheint es in der munteren Gesellschaft zu gefallen. Im Herbst färbt sich sein Blattwerk leuchtend Gelb. Rot leuchten im Hintergrund der Rhododendron 'Nova Zembla' und die Azalee 'Feuerwerk', links der lavendelblaue 'Blue Peter'.

AM STALL VORBEI verlässt man nun den ersten Gartenraum und sieht bereits im Hintergrund einer weiten Rasenfläche einen großen Rosenpavillon. Diese Weite und Größe des Winklmaier'schen Gartens ist sein besonderes Markenzeichen. Der Pavillon ist mit einem Sonnensegel bespannt und berankt mit der zart gelben Ramblerrose 'Ghislaine de Féligonde', der hochroten Kletterrose 'Sympathie' und der pinkrosa 'Palmengarten Frankfurt'.

Über perfekt gepflegten englischen Rasen führt der Weg zurück, vorbei an einem Obelisken, den Georg Winklmaier selbst gefertigt hat, hier rankt die Rose 'Martha', die im Garten ihrer Namensvetterin natürlich nicht fehlen darf. Niedrige weiße Strauchrosen, an den Beeträndern die Wildrose *(Rosa rugosa)* 'Hansa' und die rosafarbene Beetrose 'Leonardo da Vinci' geben diesem Bereich eine fröhlich lockere Prägung. Sie werden umgeben von Phlox *(Phlox paniculata)*, Lavendel *(Lavandula angustifolia)*, Rittersporn *(Delphinium)*, Ehrenpreis *(Veronica)*, Wiesen-Iris *(Iris sibirica)* und immer wieder von Frauenmantel. Die kräftig blühende Englische Rose 'Graham Thomas' leuchtet sonnig dazwischen auf. Zurückhaltender gebärden sich die niedrige rosa Beetrose 'Bonica 82' und die englische 'Heritage'. Im Hintergrund sorgen je nach Jahreszeit ein Sommerjasmin *(Philadelphus)* und eine im Frühjahr über und über mit zart rosa Blüten überzogene Zierkirsche für Blütenpracht. Unterpflanzt ist dieses Prachtstück mit rosa blühendem Storchschnabel *(Geranium)*, Bergenien *(Bergenia)* und Farnen, die sich auch im Sommer im Schatten des Baumes wohlfühlen und dem Wurzeldruck gut standhalten.

Der dritte Gartenraum entstand im Jahr 2000, als ein Freund der Familie mit einem Bagger in den Winklmaier'schen Garten kam und die Grube für einen großen Teich aushob. 2003 wurde eine Holzbrücke darüber installiert, die Georg Winklmaier selbst gebaut hat. Im Frühjahr stimmen weiße und gelbe Narzissen auf die beginnende Gartensaison ein, umrahmt werden sie von blühender Kolkwitzie *(Kolkwitzia amabilis)*, Weigelie *(Weigela)* und Schneeball *(Viburnum)*. Die blaue Jakobsleiter *(Polemonium caeruleum)*, Akeleien *(Aquilegia)*, Kaukasus-Vergissmeinnicht *(Brunnera macrophylla)*, einige Bauern-Pfingstrosen *(Paeonia officinalis)* sowie gelbe Iris bringen eine heitere Stimmung in den Garten. Dazwischen eingestreut sind Funkien und Farne, die Martha Winklmaier überall in ihrem Reich verteilt hat.

DER GROSSE AUFTRITT DER RHODODENDREN und Azaleen erfolgt bereits im Mai. Sie leuchten in kräftigen Farben und werden flankiert von einem großen Goldregen *(Laburnum)* und Blut-Pflaumen *(Prunus cerasifera* 'Nigra') im Hintergrund. Martha Winklmaier hat keine Angst, dass es zu bunt werden könnte. Ihr Mut zur Farbe lässt den Garten vor Energie und Lebensfreude nur so sprühen. Die rosarote Farbpalette decken zahlreiche Rhododendron-Sorten ab, wie die eher zarte 'Gomer Waterer' mit ihren blassrosa Blüten, die extrem winterharte dunkel roséfarbene 'Roseum Elegans', die himbeerrot blühende 'Morgenrot', die fast weiße bis roséfarbene 'Rosamundi' und die in Pink- und Fliedertönen changierende 'Catawbiense Grandiflorum'. Weitere Farbenviel-

RECHTS Im Halbschatten der etwa 100-jährigen Eschen *(Fraxinus excelsior)*, die das Grundstück auf der Südseite begrenzen, laufen die fliederfarbenen Rhododendren 'Catawbiense Grandiflorum' zur Höchstform auf. Die Mulchschicht zwischen den Gehölzen hält Unkraut fern.

falt bringen Azaleen *(Rhododendron)* wie die gelb leuchtende 'Goldpracht', die zartrosa 'Persil' und die kräftig korallenrote 'Feuerwerk' mit ins Spiel.

WEGE AUS RINDENMULCH führen hinter dem etwa 220 Quadratmeter großen Teich an der Westseite des Gartens durch kleine Inseln von Buchs, Rhododendron, Funkien und Farnen zum hellblau und weiß gestrichenen Gartenhäuschen. Sohn Michael baute es als 16-Jähriger mithilfe seines Freundes, der damals gerade eine Zimmererlehre absolvierte. Tochter Katrin hat anschließend den an ein Strandhäuschen erinnernden Anstrich übernommen. Im Inneren ist die Filteranlage für den Teich versteckt. Unweit des Häuschens entspringt ein kleiner Bachlauf, der in einem Bett aus groben Natursteinen geführt wird, bevor er sich munter plätschernd in den Teich ergießt.

Ein wenig weiter südlich, wo die Brücke über den Teich führt, hat die Gärtnerin inmitten des Farbenspektakels ihren Lieblingssitzplatz gleich neben dem dunkelroten Rhododendron 'Nova Zembla' gefunden. Die graublau lackierte gusseiserne Sitzgruppe steht auf einem mit Granit gepflasterten Karree im Halbschatten der alten Eschen, die den Garten im Süden seit fast 100 Jahren begrenzen. Am Ende des Tages lässt es sich dort, umschmeichelt von der warm strahlenden Abendsonne, gut aushalten. Martha Winklmaier schaut dann gerne den 20 Koikarpfen zu, die sich im Teich tummeln.

Fasziniert von seltenen Gehölzen

GESTALTER	EIGENENTWURF
GRÖSSE	12.000 QM
KENNZEICHEN	ENGLISCHER LANDSCHAFTSGARTEN MIT VIELEN BAUMRARITÄTEN

~ DER GARTEN VON SOPHIE ROTTENBERGER UND HERMANN MAIER

Vor etwas mehr als 20 Jahren lernte die Witwe Sophie Rottenberger einen Mann mit grünem Daumen kennen: Hermann Maier. Er besaß eine 12.000 Quadratmeter große ehemalige Hofstelle und liebte es schon immer, draußen an der frischen Luft tätig zu sein. Als Sophie in sein Leben trat, bekam dies allerdings noch einmal eine neue Dimension, denn auch sie ist eine leidenschaftliche Gärtnerin.

Gemeinsam begannen sie damit, zahlreiche Magazine und Fachbücher zu studieren, verbrachten ihre Wochenenden mit etlichen Gartenbesichtigungen und entwickelten Stück für Stück Visionen, wie das große Grundstück gestaltet werden sollte. Nicht immer waren sie sich dabei einig, doch teilen sie die Begeisterung für die Welt der Gehölze und kommen damit immer wieder auf einen Nenner. Heute sind beide im Ruhestand und der Garten ist ihr Leben. Beim Frühstück wird besprochen, welche Arbeiten anliegen, dann schlüpfen die beiden in ihre Arbeitsschuhe und los geht es. Während Hermann Maier für das Rasenmähen, das Schneiden der Gehölze und Rosen zuständig ist, fällt die Staudenpflege in den Aufgabenbereich seiner Lebensgefährtin, die dabei gerne auch ein bisschen mit den Pflanzen plaudert – ganz leise und diskret, denn es muss ja die Nachbarstaude nicht wissen, ob gerade Lob oder Aufmunterungen ausgesprochen worden sind.

»WER DER GARTENLEIDENSCHAFT VERFIEL, IST NOCH NIE GEHEILT WORDEN. ER FÜHLT SICH IMMER STÄRKER IN SIE VERSTRICKT.«

KARL FOERSTER

RECHTS Ein Geweihbaum *(Gymnocladus dioicus)* beschirmt hier rot blühenden Rhododendron, Schildblatt, Funkien und Farne. In der Rasenmitte umgibt ein Rondell aus Taglilien ein Bart-Iris-Beet.

WIE EIN GROSSER PARK ist der Garten in verschiedene thematische Räume unterteilt, die auf samtig grünen Rasenwegen erkundet werden können. Mit dem Rücken zum Wohnhaus stehend, schweift der Blick über eine gepflasterte Terrasse mit teilweise exotischen Kübelpflanzen. Über einen plätschernden Brunnen aus einem alten Mühlstein hinweg und vorbei an einer stattlichen Anzahl Buchskugeln sieht man in die Weite des mittleren Gartenbereiches, der durch einige große Staudeninseln in der Rasenfläche gegliedert wird. Im Frühjahr stimmen unendlich viele Frühblüher auf die zu erwartenden Gartenfreuden ein, etwa zahlreiche leuchtend gelbe Osterglocken *(Narcissus)*.

Linker Hand, dort, wo früher der bäuerliche Gemüsegarten lag, findet sich der älteste Teil der Anlage. Eine Blut-Pflaume *(Prunus cerasifera* 'Nigra') und eine rosé blühende Magnolie *(Magnolia* x *soulangiana)* markieren den Eingang zu diesem Gartenraum. Hier haben die beiden Gärtner einen von Rhododendren und Azaleen eingefassten Teich angelegt, dahinter sind einige Magnolien und japanische Ahornbäume gestaffelt. Ein Sitzplatz unter den mittlerweile hoch gewachsenen Gehölzen lädt dazu ein, in Ruhe das Treiben am Wasser zu beobachten. Der optische Höhepunkt in diesem Gartenteil ist zweifelsohne im Spätfrühjahr erreicht, wenn die Rhododendren in Rosa, Lila und Rot blühen und weiße und gelbe Azaleen ihre üppige Pracht dazu entfalten. Dann öffnen sich die Seerosen und Hundszahnlilien *(Erythronium)* sorgen für leuchtende Farbakzente am Fuße der Gehölze. Im Sommer wirkt ihr dominierendes Blattgrün kühlend, kleinere Stauden wie

OBEN Der Garten weist eine Vielzahl von Lenzrosen *(Helleborus-*Orientalis-Hybriden) auf, die auch noch nach der Blüte mit ihrem dekorativen Laub sehr attraktiv wirken. Hier mischt sich violetter Hohler Lerchensporn *(Corydalis cava)* dazwischen.

LINKS Das weitläufige Gelände beherbergt zahlreiche Magnolien. Hier ist es *Magnolia* x *soulangeana*, die ab April tulpenförmige, große rosa Blüten hervorbringt, die leider keine Spätfröste verzeihen. Narzissen in Gelb und Weiß vervollkommnen das schöne Frühlingsbild.

200

OBEN Farblicher Höhepunkt in diesem Schattenbeet ist der Wiesen-Knöterich *(Bistorta officinalis)*. Seine feinen rosalila Blütenkerzen stehen in Kontrast zu den großblättrigen Begleitern: Schildblatt *(Darmera peltata*, rechts), Schaublatt *(Rodgersia*, im Hintergrund) und Lanzen-Funkie *(Hosta lancifolia*, Mitte).

UNTEN Eine Pflanzgemeinschaft am Teich! *Rhododendron catawbiense* liefert sich mit seinen lila Blüten einen Farb-Wettstreit mit dem kleinwüchsigen Schlitz-Ahorn *(Acer palmatum* 'Dissectum'), dessen schwarzrote Blätter eine wahre Augenweide darstellen.

Taglilien *(Hemerocallis)* und verschiedene Funkiensorten *(Hosta)* geben dem Teichgarten nun ein zurückhaltend elegantes Gepräge. Im Herbst entfachen schließlich die bunten Blätter der Azaleen ein neues Farbenfeuerwerk in warmen Rot- und Gelbtönen. Die Ufergestaltung aus großen Flusskieseln trägt zum natürlichen Eindruck der Teichlandschaft bei. Hinter dem Teich befindet sich ein kleines Raritätengärtchen mit zahlreichen Lenzrosenarten *(Helleborus orientalis)*, Salomonssiegel *(Polygonatum odoratum)*, Dreiblatt *(Trillium)*, Aronstab *(Arum)* und Scheinhortensie *(Deinanthe)*.

ZUM ARBORETUM GEHT ES auf breiten Rasenwegen am Teich vorbei. 2002 begannen die Gärtner mit seiner Anlage. Der Weg dorthin wird gesäumt von großen Rhododendronbüschen – im Frühjahr eine bunte Schneise durch den Garten – und führt unter einem Rosenbogen hindurch. Im Sommer blühen hier zahlreiche Hortensien *(Hydrangea)* mit großen Bällen sowie üppigen Rispen und Tellern. Besonders wohl fühlen sie sich im unteren, südlichen Teil des Gartens, wo ein Grenzbach für kühle, feuchte Luft und genügend Bodenfeuchte sorgt.

Dieser Gartenbereich war früher eine Wiese. Wo einst Kühe grasten, befindet sich nun eine Sammlung seltener Bäume, die immer noch erweitert wird. Die Leidenschaft für Gehölze entwickelten Sophie Rottenberger und Hermann Maier während ihrer Besuche in einem nahegelegenen Arboretum. Zu ihren Schätzen gehören seltene Eichensorten – Schindel-Eiche *(Quercus imbricaria)*, Weiß-Eiche *(Q. alba)*, Chinesische Kork-Eiche *(Q. variabilis)*, Sumpf-Eiche *(Q. palustris)* und Scharlach-Eiche *(Q. coccinea)* – imposante Mammutbäume *(Sequoiadendron)*, Sumpfzypressen *(Taxodium)*, Platanen *(Platanus)*, Magnolien *(Magnolia)* und verschiedene Koniferen. Insgesamt ergibt sich eine abwechslungsreiche Mischung aus Laub- und Nadelgehölzen. Im zeitigen Frühjahr ist der Boden übersät von blühenden Krokussen und Narzissen, die dem Wäldchen ein märchenhaftes Gepräge geben.

IM ENGLISCHEN GARTEN laden sowohl am östlichen wie am westlichen Ende Sitzbänke zum Verweilen ein. Die auf der schattigeren Seite gelegenen Beete und Pflanzinseln sind durchweg mit dichten Bändern von Storchschnabel *(Geranium)*, Funkien, Purpurglöckchen *(Heuchera)*, Frauenmantel *(Alchemilla)* und Farnen eingefasst. Einmal im Jahr sticht Hermann Maier die Rasenkanten mit dem Spaten ab, ansonsten machen diese Beeteinfassungen wenig Arbeit, denn die üppige Bepflanzung gibt unerwünschten Wildkräutern keine Chance, sich auszubreiten.

In den sonnigeren Bereichen dieses Gartenteils bilden elegante Taglilien die Abgrenzung zum Rasen. Dahinter geben sich Lavendel *(Lavandula)*, Iris *(Iris)* und Pfingstrosen *(Paeonia)* ein Stelldichein. Gerade auch die Päonien gehören zu den Lieblingspflanzen des Gärtnerpaares. Die Leidenschaft für seltene Gehölze setzt sich auch in diesem Gartenteil sichtbar fort. In den Beeten finden sich so ansprechende Kompositionen wie die mit Pfingstrosen unterpflanzte Libanonzeder *(Cedrus libani)*. In den Rasen eingestreut sind Bauminseln mit der Gurken-Magnolie *(Magnolia acu-*

LINKS Der amerikanische Gelbholzbaum *(Cladrastis lutea)* links wartet im Frühling mit bis zu 40 cm langen Blütentrauben auf, die zudem noch süß duften. Im Hintergrund rechts, inmitten eines Taglilienbeets, hat der Strauch der Sieben Söhne des Himmels *(Heptacodium miconioides,* synonym *H. jasminoides)* den Platz für sich in Anspruch genommen.

minata), einem Sauerbaum *(Oxydendrum arboreum)*, Judasbaum *(Cercis siliquastrum)*, verschiedenen Zierkirschen und weiteren Bäume, die mit ihrer Blütenpracht und Herbstfärbung zu imponieren wissen. Allein in den letzten beiden Jahren kamen zehn neue Magnolien dazu, denen einige heimische Wildsträucher weichen mussten – denn auch in einem 12.000 Quadratmeter großen Garten wird der Platz für größere Gehölze irgendwann einmal knapp.

DAS PFINGSTROSENBEET liegt im Westen des Hauses und wurde in buchsumrahmten Feldern angelegt. Etliche Stauden-Päonien und einige Strauch-Päonien haben in diesem Areal Platz gefunden. Die Lieblingspfingstrose der Gärtnerin ist die halbgefüllte, malvenrosa 'Leda'. Ungefüllt und damit regenfest ist die lange blühende rote *Paeonia*-Lutea-Hybride 'Chinese Dragon'. Am Pfingstrosenbeet befindet sich noch ein ganz besonderer Baum, der aus Amerika stammende Sassafras *(Sassafras albidum)* mit seinen dreierlei Blättern. »Rinde und Wurzeln werden von der indianischen Bevölkerung traditionell gegen Schlangenbisse und Fieber verwendet«, erzählt Hermann Maier.

Um ihren Garten zu jeder Tageszeit genießen zu können, haben Sophie Rottenberger und Hermann Maier mehrere Sitzplätze in Sonnen- und Schattenbereichen angelegt. Zu jeder Jahreszeit lieben sie es, durch den Garten zu schlendern, das Wachsen, Werden und Vergehen zu beobachten. Ein Gang durch den Garten sei wie eine Meditation. »Alles, was man dem Garten gibt, bekommt man hundertfach zurück«, so fasst es Hermann Maier zusammen.

Mit grünem Daumen geboren

GESTALTER	EIGENENTWURF
GRÖSSE	3000 QM
KENNZEICHEN	ROSENGARTEN MIT 280 SORTEN ZWISCHEN ZWEI BÄCHEN

~ DER GARTEN VON CLAUDIA UND CHRISTIAN WOLF

»Mein Kinderzimmer war das reinste Gewächshaus«, erzählt Claudia Wolf. Bereits als Kind fühlte sie sich zu allem hingezogen, was grün war. Die lebhafte Gärtnerin schwelgt gern in Erinnerungen an Besuche bei den Großeltern, die ein romantisches Altenteilerhaus mit wildem Garten ihr Eigen nannten. Dass nach Jahren des berufsbedingten Großstadtlebens die vierköpfige Familie Wolf auf ebendiesem Flecken sesshaft werden würde, hätte sie zunächst nie zu träumen gewagt. Doch 1995 erbte Claudia Wolf das großelterliche Grundstück, das als eine Halbinsel zwischen zwei Bächen in Talrandlage des Bayerischen Waldes liegt.

Die beiden Söhne waren noch klein und der Garten eine einziges Dickicht aus feuchtigkeitsliebenden Wildstauden, Gräsern, Weiden, Erlen und Brombeeren. Dagegen anzukommen brauchte Jahre. Die Gärtnerin fällte Bäume, grub Wurzeln aus, schleppte Steine, pflasterte Sitzplätze und Wege und eignete sich das Land an, dem sie sich heute zutiefst verbunden fühlt. Allerdings ist Claudia Wolf kein Mensch, der irgendwann einmal »fertig« wird. Immer wieder neue Gestaltungsideen wollen umgesetzt werden. 2006 entschied sie, nebenberuflich einen kleinen Pflanzenverkauf zu eröffnen. Im Herbst 2006 erwarb das Ehepaar das Nachbargrundstück, hier entstand unter anderem ein Nutzgarten. Zu einem Schmuckstück wurde das von Ehemann Christian entworfene Gewächshaus, für das die Wolfs die Fenster aus einem alten Bauernhaus der Umgebung ausgebaut und wiederverwendet haben.

»DER GARTEN IST DER ZAUBERSCHLÜSSEL ZUM VERSPERRTEN GARTEN EDEN.«

KARL FOERSTER

RECHTS Über ein hölzernes Tor im Halbschatten rankt malerisch die stachellose *Rosa inermis* 'Morletti'. Ihr zu Füßen erhebt sich die Damaszenerrose 'Celsiana', verwoben mit dem standfesten pinkfarbenen Schwarzäugigen Storchschnabel *(Geranium psilostemon* 'Patricia').

EINE ÜPPIGE ROSENHECKE stimmt bereits auf dem Parkplatz auf den Garten von Claudia Wolf ein. Sie besteht aus *Rosa*-Rugosa-Hybriden, begleitet von Storchschnabel *(Geranium)* und Katzenminze *(Nepeta* x *faassenii)*. Später wird der Besucher auf die ungeheure Vielfalt von etwa 280 Rosensorten treffen. Kein Zufall, dass Claudia Wolf ihrem 2005 eröffneten Nebenerwerbs-Pflanzenverkauf den bayerischen Namen »Woidroserl« – hochdeutsch »Waldröschen« – gegeben hat.

Auf dem kleinen, vor dem Wohnhaus an der Straße gelegenen Hof verkauft die Gärtnerin im Frühjahr und Sommer solche Rosenzüchtungen und Stauden, die dem rauen Klima des Bayerischen Waldes standhalten. In dieser Gegend gedeiht lange nicht alles, was in den bunten Katalogen der Pflanzenversender angeboten wird. Das musste Claudia Wolf nach dem ersten harten Winter feststellen, in dem es ihre Rosenneupflanzungen dahingerafft hatte. Sie beobachtete aber, dass alte Züchtungen in benachbarten Gärten dem Frost standgehalten hatten, und entschied sich, von nun an auf angepasste, robuste Sorten zu setzen.

Das weiß verputzte Altenteilerhaus mitsamt dem Anbau aus verglasten Holzgefachen verschwindet beinahe inmitten des umgebenden Grüns. Es wird berankt von Clematis, Efeu *(Hedera helix)*, Wildem Wein *(Parthenocissus)* und einigen Ramblerrosen. Bei einem Spaziergang ums Haus entdeckt man Sitzplätze in jeder Himmelsrichtung, auf denen die Familie morgens, mittags und abends – je nach Lust und Laune – im Schatten oder in der Sonne Platz nehmen kann. Die Ostterrasse wurde im Herbst 2011 neu

OBEN Ein lauschiger Sitzplatz befindet sich auf der Westseite. Kletterrose 'Russeliana' gedeiht in geschützter Lage am Haus, *Rosa gallica* 'Versicolor' und die Hundsrose *(Rosa canina)* in den Beeten. Wilder Wein schmückt das Nebengebäude im Herbst mit schöner Färbung.

LINKS Den Eingangsbereich zum Haus dominiert die *Rosa*-Rugosa-Hybride 'Hansaland'. Sie ist eine der Lieblingsrosen von Claudia Wolf, da sie auch in sehr kalten Wintern nicht zurückfriert, zudem regenfest und öfterblühend ist. Auch 'Geschwinds Nordlandrose II' (oben im Bild mit rosa Blüten) hat sich als sehr winterhart erwiesen.

OBEN Im Buchsoval hat die Lieblingsrose 'Hansaland' ihren großen Auftritt. Links bilden Geißblatt *(Lonicera tellmaniana)* und Wald-Geißbart *(Aruncus dioicus)* die Kulisse, rechts die hellrosa Kleinstrauchrose 'Sommerwind' und blaue Katzenminze *(Nepeta* 'Six Hills Giant').

UNTEN Eine mächtige Korbweide *(Salix viminalis)* beschirmt den Bereich, in dem Schattenschönheiten wie Funkien, Lungenkraut, Fingerhut, Ball-Hortensie 'Annabelle', Schönaster *(Kalimeris incisa)* und Zimt-Himbeere *(Rubus odoratus)* Atmosphäre verbreiten.

angelegt. Große gebrauchte Granitsteinplatten, umsäumt von Kopfsteinpflaster, dienen als Bodenbelag. Eine Eibenhecke *(Taxus)* sorgt für Windschutz. Eibenkugeln, dazwischen Rosen mit Begleitstauden und selbst angefertigte Zaunelemente, trennen optisch die Terrasse vom Hof ab. Auf der Südseite lädt eine geschützt platzierte Bank selbst im Winter dazu ein, die Sonne zu genießen. Wer hier sitzt, hört das Geplätscher eines Baches, der von einer weiteren Rosenhecke mit immergrünen Bodendeckern davor verborgen wird und nur wenige Meter vom Haus entfernt fließt. Von der Westterasse aus, die in den Nachmittags- und Abendstunden der Lieblingsplatz ist, führen einige Treppenstufen in den etwas tiefer gelegenen Gartenbereich.

DAS PRÄGENDE ELEMENT des Wolf'schen Gartens ist die Insellage zwischen zwei Bächen. Die Liebe zur Insel ist aber auch ein durchgängiges Gestaltungselement, das die Gärtnerin in vielen Variationen und Spielarten anwendet: Der vordere Bereich des Hausgartens erinnert an eine Schärenlandschaft mit etlichen aus dem Rasenmeer auftauchenden Beetinseln. Mal ist es ein Buchsoval, bepflanzt mit den Rosen 'Hansaland' und 'Stanwell Perpetual' sowie der Damaszenerrose 'Leda', mal ist es eine eckige Buchshalbinsel, in deren Mitte Gräser und Blattschmuckstauden wachsen. Auch eine niedrig bleibende Blut-Berberitze *(Berberis thunbergii* 'Atropurpurea Nana') wird von Claudia Wolf gerne als Randumpflanzung für die eine oder andere Staudeninsel verwendet. Alle Wege und Beetbegrenzungen sind geschwungen. Abwechslung ist angesagt. Immer wieder tut sich ein neuer Gartenraum auf, Durchgänge werden markiert durch große handgeschmiedete Rosenbögen, die – man staune! – die Gärtnerin selbst hergestellt hat. Die notwendigen Techniken hat sie sich durch einen Schweißkurs angeeignet.

Je weiter man sich vom Haus entfernt und gen Westen schlendert, desto mehr dominieren die großen Bäume den Garten. Geschützt von alten Erlen und Kopfweiden hat Claudia Wolf Schattenbeete angelegt, die ihr besonders am Herzen liegen. Dort sind zahlreiche Blattschmuckstauden, Gräser, Farne und eine kleine Funkiensammlung zu Hause. Nicht nur die Grünnuancen faszinieren die Gärtnerin, sie liebt auch die Vielfalt der Texturen und der Blattformen. Diese Pflanzung setzt nicht auf Farbeffekte, sondern auf die Spannung, die etwa zwischen den großen Blättern der Funkien *(Hosta)* und den dazwischen aufstrebenden, fein zerteilten Farnwedeln entsteht. Welch ein Glück, dass die schrägen Strahlen der Abendsonne dorthin gelangen und dem grünen Herzen des Gartens am Ende des Tages einen ganz märchenhaften Zauber verleihen.

WEITER GEN WESTEN wird das Grundstück deutlich schmaler, und immer mehr nähert sich die Gestaltung der umgebenden Natur an, in die der Garten schließlich übergeht. Dort stand einst eine kleine Fichtenschonung, die der Vater angelegt hatte. Der Borkenkäfer hatte den Bäumen schwer zugesetzt. Ein Großteil wurde mit der Motorsäge zu Brennholz verarbeitetet, aber einige

RECHTS Idylle am Geräteschuppen – dafür sorgt die Englische Rose 'Constance Spry' mit ihrem rosa Blütenvorhang. Im Beet davor strahlt die weiße Alba-Rose 'Suaveolens', ihr zu Füßen blühen Katzenminze und die Pfingstrosen 'Gene Wild' und 'Pink Princess'.

ließ Claudia Wolf stehen, denn sie hatte eine ganz besondere Idee. Jeweils zwei gegenüberliegenden Stämmen kappte sie die Spitze, entastete sie und verband sie mit einem quer darübergelegten Rundholz zu einem Tor. Heute führt ein Rasenweg durch den so entstandenen Laubengang, der berankt wird vom Waldgeißbart *(Aruncus dioicus)*, von Wild- und Ramblerrosen wie dem 'Himmelsstürmer' und der 'Queen of Pearl' sowie verschiedenen Clematis.

Unweit steht eine mächtige alte Eiche, deren Stamm mit feinmaschigem Draht vor den Plänen des Bibers geschützt werden muss. An dieser idyllischen Stelle, wo man nichts anderes mehr hört als das Rauschen des Wassers der beiden Bäche, kann Claudia Wolf am besten entspannen. Eine kleine Bank steht dort eingefasst von einer Eibenhecke.

Der Rückweg zum Haus führt nun am Bach entlang. Besonders lohnt der Blick nach links zu der Wildblumenwiese, die nun anstelle der maroden Fichtenschonung den hintersten Teil des Gartens einnimmt. Teppiche aus Buschwindröschen *(Anemone nemorosa)*, dazwischen Märzbecher *(Leucojum vernum)*, Blausternchen *(Scilla sibirica)*, Krokusse *(Crocus)* und Schlüsselblumen *(Primula veris)* verleihen diesem wilden Gartenabschnitt im Frühjahr einen ganz besonderen Charme. Zahlreiche heimische Vögel, Libellen und Schmetterlinge, Ringelnattern, Blindschleichen, Eidechsen und Wildbienen haben sich hier angesiedelt. Das Gärtnern im Einklang mit der Natur ist Claudia Wolf sehr wichtig. Auch die Menschen – so sagt sie – profitieren von solchen Kleinoden der Entspannung und Kontemplation.

Weiterführende Literatur

Adams, Katharina: Hortensien – Die schönsten Arten und Sorten. BLV, München 2012.

Janke, Peter: Ideenbuch kleine Gärten. Gräfe und Unzer, München 2011.

Janke, Peter / Becker, Jürgen: Meine Vision wird Garten. Becker Joest Volk Verlag, Hilden 2012.

Kipp, Oliver: Landhausgärten gestalten. Gräfe und Unzer, München 2010.

Lammerting, Kristin: Gärten im englischen Stil. BLV, München 2009.

Resch, Barbara: Gartengestaltung – Das Praxisbuch. BLV, München 2011.

Adressen

Folgende der im Buch vorgestellten GärtnerInnen verkaufen Pflanzen beziehungsweise Gartenaccessoires:

Atelier von Edith und Rudi Nußer
Ludwig-Thoma-Str. 6
94078 Freyung
Tel.: 0 85 51 / 15 97
geöffnet mittwochs von 16.00 bis 19.00 Uhr
(Keramik, Malerei, Gartenaccessoires)

Woidroserl
Claudia Wolf
Pfistermühle 42½
94209 Regen
Tel.: 0 99 21 / 90 43 80
www.woidroserl.de
(Frostharte Rosen und Stauden sowie selbst geschmiedete Rankhilfen)

Über gartenbegeisterte Besucher freuen sich:
Thomas Prommersberger und Uli Maucher
Hof 1
94374 Schwarzach
Tel.: 0 99 62 / 27 56

Danksagung

Ich danke meiner Freundin Evi für ihre zuverlässige und gewissenhafte Unterstützung bei allen Arbeitsschritten. Mit ihren wunderbaren Fotos lieferte sie eine inspirierende Basis für die Gartenbeschreibungen. Programmleiter Dr. Thomas Hagen danke ich für sein Vertrauen in unser gemeinsames Projekt durch alle Höhen und Tiefen. Meiner Familie sage ich Dank dafür, dass sie mich in Haus und Garten so weit entlastet hat, dass ich die Muße finden konnte, die schönen hier versammelten Gärten zu beschreiben.

Karen Meyer-Rebentisch

Ich danke meiner Freundin Karen, die sich spontan bereit erklärt hat, die Hälfte der Textarbeit zu übernehmen, und damit zur Entspannung in diesem Projekt beigetragen hat.

Ein besonderer Dank gilt Programmleiter Dr. Thomas Hagen, der es gewagt hat, mit einer neuen Fotografin im Verlag gleich ein so großes Buchprojekt zu verwirklichen, und der auch meinem Temperament standgehalten hat.

Meiner lieben Familie danke ich, dass sie mir den nötigen Freiraum gegeben hat, um all die besonderen Gärten abzulichten.

Und last but not least bedanke ich mich ganz herzlich bei allen Gärtnerinnen und Gärtnern, die mir zu jeder Tages- und Jahreszeit Einlass in ihre zauberhaften Refugien gewährten und uns viele hilfreiche Informationen preisgaben.

Evi Pelzer

Über die Autorinnen

Evi Pelzer ist geprägt durch ihre Liebe zur Natur und ihre Leidenschaft für den Garten. Daraus entwickelte sie ihre Passion, die Garten- und Landschaftsfotografie. Seit 2009 ist sie als freischaffende Fotojournalistin tätig, ihre Gartenreportagen wurden in zahlreichen deutschen Gartenmagazinen veröffentlicht.

Dr. Karen Meyer-Rebentisch arbeitet als Journalistin und Autorin und verfasst u. a. Sachbücher zu historischen Themen sowie Gartenliteratur. Als begeisterte Gemüsegärtnerin und Fotografin betreibt sie seit einigen Jahren eine erfolgreiche Webpage zum Thema Gemüse. Weitere Informationen unter: www.gemuese-info.de

Impressum

Bibliografische Information der Deutschen Nationalbibliothek
Die Deutsche Nationalbibliothek verzeichnet diese Publikation in der Deutschen Nationalbibliografie; detaillierte bibliografische Daten sind im Internet über http://dnb.d-nb.de abrufbar.

BLV Buchverlag GmbH & Co. KG
80797 München

Bildnachweis: Alle Fotos von Evi Pelzer

Umschlagkonzeption: Kochan & Partner, München
Umschlagfotos: Vorderseite: GAP Photos/Ron Evans;
Rückseite: Karin Meyer-Rebentisch

Programmleitung Garten: Dr. Thomas Hagen
Lektorat: Ute Bauer
Herstellung: Ruth Bost
Layoutkonzept Innenteil: griesbeckdesign, München
Satz: Anton Walter, Gundelfingen

Gedruckt auf chlorfrei gebleichtem Papier

Printed in Germany
ISBN 978-3-8354-1046-6

Hinweis
Das vorliegende Buch wurde sorgfältig erarbeitet. Dennoch erfolgen alle Angaben ohne Gewähr. Weder Autorinnen noch Verlag können für eventuelle Nachteile oder Schäden, die aus den im Buch vorgestellten Informationen resultieren, eine Haftung übernehmen.

1. Juli 2013

Ratgeber

aus Ihrer Apotheke zum weißen Schwan

Effektiver Sonnen-schutz

So genießen Sie die schönen Seiten des Sommers ganz unbeschwert

Springeberger Weg 16
12589 Berlin-Rahnsdorf
Tel. 030 648 96 27
Mo-Fr 8:00 -18:30 Uhr
Sa 8:00 -13:00 Uhr

APOTHEKE zum weißen Schwan

Effektiver Sonnenschutz

Liebe Kundinnen, liebe Kunden,

Ina Jentsch, Inhaberin

endlich die Sonne genießen, endlich wieder an den Strand - die lang ersehnte Badezeit sorgt bei Klein und Groß für gute Laune. Doch Sonnenstrahlen können die Haut schädigen und unter anderem zu Sonnenbrand, vorzeitiger Hautalterung, Hautirritationen und Hautkrebs führen.

Grundsätzlich sollten wir die Sonne nur maßvoll genießen, die Dosis nach und nach erhöhen bzw. uns überwiegend im Schatten aufhalten und die pralle Mittagssonne auf jeden Fall meiden. Den besten Schutz bieten Kopfbedeckung, sonnendichte Kleidung und Sonnenbrille. Unverzichtbar sind hochwertige Sonnenschutzcremes. Mit hohen Lichtschutzfaktoren bieten diese zuverlässigen Schutz gegen Sonnenbrand.

Für unsere Haut sind sowohl UVB- als auch UVA-Strahlen gefährlich. Die Haut muss also vor beiden Strahlenarten geschützt werden – der Grund, warum moderne Sonnenschutzmittel sowohl UVA- als auch UVB-Filter enthalten. Hellhäutige Menschen brauchen grundsätzlich einen wesentlich höheren Lichtschutzfaktor (LSF). Die Zahl des LSF bezieht sich auf den UVB-Schutz und gibt an, um wie viel mal länger man vor einer Rötung geschützt ist als ohne Sonnencreme. Die maximale Besonnungszeit sollte aber nicht ausgereizt werden. Zudem ist es wichtig, den Sonnenschutz vor dem Aufenthalt in der Sonne großzügig und gleichmäßig aufzutragen und ihn regelmäßig zu erneuern, vor allem nach dem Baden, Schwitzen oder wenn Sie sich abgetrocknet haben.

Bleiben Sie gesund,
wünscht Ihnen das Team der

APOTHEKE zum weißen Schwan
Springeberger Weg 16 · 12589 Berlin-Rahnsdorf
Tel. 030 648 96 27 · Mo-Fr 8:00 -18:30 · Sa 8:00 -13:00 Uhr
www.apotheke-zum-weissen-schwan.de

Welches Präparat für Sie optimal ist, hängt von Zustand und Beschaffenheit Ihrer Haut ab. Für normale Haut sind beispielsweise Sonnenmilch oder -lotion gut geeignet, für die trockene Haut bietet sich eine reichhaltigere Sonnencreme an. Zu emulgatorfreiem Sonnengel sollten unter anderem Menschen mit Mallorca-Akne greifen.

Damit Sie sich bräunen und gleichzeitig Ihre Hautqualität beibehalten, können Sie sich mit Nahrungsmitteln, die reich an den Vitaminen E, C und A, an Beta-Carotin und an anderen Karotinoiden und Flavonoiden sind, ernähren. Sie unterstützen Ihren Organismus beim Kampf gegen freie Radikale und beim Schutz vor den Auswirkungen der Sonne. Diese Nährstoffe sind in Obst, Gemüse und Weizenkeimöl enthalten. So stärken Sie Ihre Abwehrkräfte und fördern eine goldige Bräune.

Nach dem Sonnenbad empfiehlt sich eine After-Sun-Lotion, die der Haut Feuchtigkeit spendet, sie intensiv pflegt und beruhigt und damit auf das nächste Sonnenbad vorbereitet. **Gerne berät Sie unser Apotheken-Team bei der Auswahl Ihrer typgerechten Anwendungsform. Sprechen Sie uns einfach an.**

Unser TIPP

Achten Sie auf die Rabatt-Gutscheine auf der Rückseite und sparen Sie bei Ihrem nächsten Besuch in Ihrer Apotheke zum weißen Schwan.

Impressum

Verantwortlich für die Inhalte der individuell gestalteten Umschlagseiten ist die verteilende Apotheke.
Titel: Shutterstock, Produktfotos: Hersteller

Ratgeber aus Ihrer Apotheke
Herausgeber und Verlag:
Gebr. Storck GmbH & Co. Verlags-oHG
Duisburger Straße 375, C-Gebäude
46049 Oberhausen
Telefon 02 08 / 8 48 02 67
ISSN 1438-2865
E-Mail: leserkontakt@storckverlag.de
Internet: www.storckverlag.de

Verlagsleitung Jürgen Völkel
Chefredaktion Apotheker Wilhelm Gössling
Redaktion Medienbüro Kniebes-Lentze, Köln: Petra Kniebes, Ulrike Lentze, Andreas Geschuhn
Redaktionsbeirat Apothekerin Elisabeth Buchtala, Apotheker Hans Joachim Keller, Prof. Dr. rer. nat. Claus M. Passreiter
Produktionsleitung Michael Kleine-Borgmann
Bildredaktion Stephan Höpfner

Layout André Bachmann, Alexander Wollner, Friedhelm Wilms
Anzeigenleitung
Birgit Völkel, Telefon 02 08 / 8 48 02 24
Gültige Anzeigenpreisliste: Nr. 57 vom 1.1.2013
Anzeigenmarketing B & R MedienService GmbH, Zeithstraße 30-38, 53721 Siegburg, Tel. 0 22 41 / 17 740, Fax 0 22 41 / 17 74 20

Druck TSB Tiefdruck Schwann-Bagel GmbH & Co. KG, Grunewaldstraße 59, 41066 Mönchengladbach
Bezug Nur über Apotheken, regelmäßiger Direktversand oder Lieferung einzelner Aus ga ben durch den Verlag nicht möglich. Die Verantwortung für individuelle Werbeaufdrucke trägt die verteilende Apotheke. Für unverlangte Einsendungen keine Gewähr!

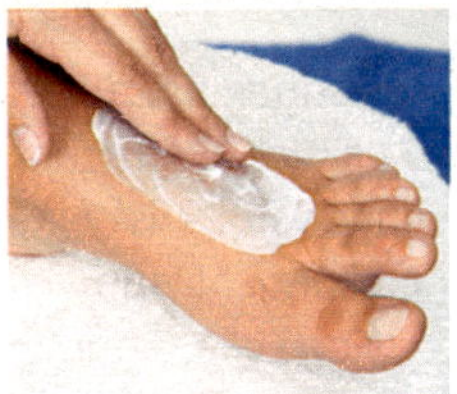

CREME GEGEN NERVENSCHMERZEN

Die Polyneuropathie ist eine der häufigsten Folgeerkrankungen des Diabetes: Etwa jeder dritte Diabetiker leidet unter diese Nervenschädigung, die meist mit unangenehmen bis quälenden Symptomen, vorwiegend in den Füßen, verbunden ist. Die Betroffenen werden von einem Kribbeln, Brennen und von stechenden Schmerzen geplagt. An erster Stelle der Therapie stehen alle ursächlich wirksamen Maßnahmen, die die Nervenschädigung aufhalten, wie z. B. eine gute Blutzuckereinstellung. Zusätzlich kann eine symptomatische Schmerztherapie dazu beitragen, die Lebensqualität zu verbessern. Capsagamma Dolor Creme (NEU in der Apotheke seit März) ist lokal wirksam und bekämpft die Schmerzen mit Inhaltsstoffen des Cayennepfeffers! ■

HAUTSCHUTZ VON INNEN

In Maßen genossen ist Sommersonne eine Wohltat: Das Licht stärkt die Abwehrkräfte, ist wichtig für die Bildung von Vitamin D, es aktiviert den Stoffwechsel und wirkt sich positiv auf den Hormonhaushalt und die Stimmung aus. Für 16 Millionen Deutsche bedeuten Sonnenstrahlen aber eher Leid als Freude. Ihre Haut zeigt bereits nach kurzem Aufenthalt im Freien Rötungen, Juckreiz, Quaddeln oder Hautknötchen. Für sie ist der äußerliche Schutz mit Sonnencreme oder Sunblocker enorm wichtig – aber häufig reicht das allein nicht aus. Das Nahrungsergänzungsmittel Calcimed Sommer (NEU in der Apotheke seit April) mit Calcium, Zink sowie den Vitaminen E und C ist auf die Bedürfnisse der sonnen- und lichtempfindlichen Haut abgestimmt. Calcium kann Juckreiz und Hautrötung mindern bzw. sogar verhindern, Zink trägt zur Regeneration der Haut bei, die Vitamine C und E können sie vor oxidativem Stress schützen. ■

FÜR DAS AUGENLICHT

Der Mensch ist ein „Augentier“ – blind zu werden, beeinträchtigt die Lebensqualität extrem. Bei etwa 20 Millionen Menschen weltweit ist der Graue Star die Ursache einer Erblindung; der überwiegende Teil von ihnen lebt in den Entwicklungsländern. Aktionen wie Pro Augenlicht, initiiert von der Christoffel-Blindenmission, ermöglichen Kindern und Erwachsenen in Entwicklungsländern eine Augenoperation. Apothekenkunden können jetzt dazu beitragen, die finanziellen Mittel der Hilfsorganisation aufzustocken und noch mehr armen Menschen eine Operation zu ermöglichen. Seit Mai gehen ein ganzes Jahr lang 20 Cent vom Kaufpreis jeder Packung aus der Doppelherz System Augenschutzserie an die Aktion Pro Augenlicht. ■

Foto: ABDA, Colourbox.com (2)

Pflegeprodukte für Diabetiker-Füße gibt es in der Apotheke.

DIABETES: KONSEQUENTE PFLEGE FÜR DIE FÜSSE

Diabetiker-Füße brauchen viel Aufmerksamkeit und die richtige Pflege, damit sie gesund bleiben.

Diabetes-Patienten haben ein erhöhtes Risiko für Fußprobleme. Vor allem bei einem langjährigen, schlecht eingestellten Diabetes ist die Gefahr groß, dass die Stoffwechselstörung die Füße in Mitleidenschaft zieht. Nervenschäden und Durchblutungsstörungen können dazu führen, dass Wunden an den Füßen einerseits nicht wahrgenommen werden und andererseits schlecht abheilen. So kann sich aus einer anfangs eher unspektakulären Verletzung schnell eine großflächige Wunde entwickeln, die sich leicht entzünden kann. Schlimme Folgen können Geschwüre sein, manchmal müssen einzelne Zehen oder gar der Fuß sogar amputiert werden. So weit darf es nicht kommen! Das A und O für gesunde Füße ist eine gute Blutzuckereinstellung. Denn ist der Blutzucker unter Kontrolle, können Diabetes-Folgekrankheiten wie die gefürchteten Nervenschäden und Durchblutungsstörungen oft vermieden werden. Außerdem ist es unerlässlich, dass Diabetiker ihren Füßen mehr Aufmerksamkeit widmen als stoffwechselgesunde Menschen. Denn nur wer genau hinschaut, kann Verletzungen frühzeitig erkennen und gegensteuern.

Täglich zur Inspektion

Aus diesem Grund raten Experten, die Füße täglich auf Veränderungen zu kontrollieren, am besten mit einem Vergrößerungsspiegel. Wichtig: Fußsohlen nicht vergessen, denn hier entstehen Schwielen besonders schnell! Egal ob Druckstelle, Schwellung, eingewachsener Zehennagel, Rötung oder Entzündung – jede Veränderung kann von Bedeutung sein und muss behandelt werden. Doch bitte nicht auf eigene Faust daran herumdoktern. Verletzungen und Infektionen gehören immer in die Hände des Diabetologen, eingewachsene Zehennägel, Hühneraugen und Hornhautschwielen sollten vom medizinischen Fußpfleger (Podologen) fachgerecht versorgt werden.

Selbst Hand anlegen dürfen und sollten Diabetiker hingegen bei der Fußpfle-

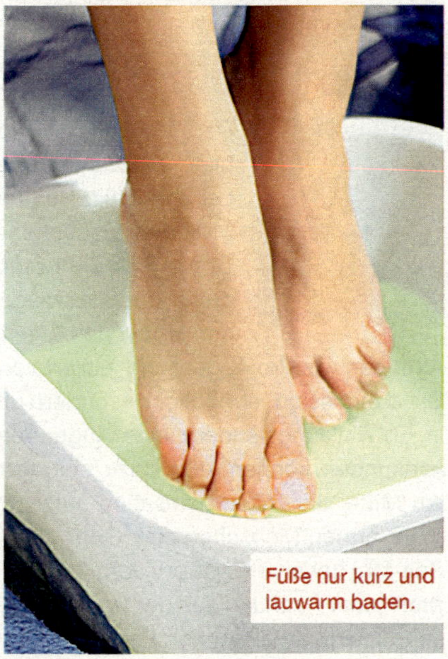

Füße nur kurz und lauwarm baden.

ge. Und die ist wichtig, denn ihre Haut ist in aller Regel sehr trocken und neigt deshalb zu Hauteinrissen. Das wiederum macht es Keimen wie Bakterien und Pilzerregern leicht, in die Haut einzudringen und Infektionen auszulösen. Eine konsequente Pflege hilft, diesem Teufelskreis zu entrinnen.

Waschen, cremen, pflegen

Empfehlenswert ist es, die Haut täglich sanft zu reinigen – mit lauwarmem Wasser und einer milden, rückfettenden Waschlotion. Wer die Füße baden möchte, sollte darauf achten, dass die Temperatur 35 bis maximal 37 Grad Celsius nicht übersteigt. Auf der sicheren Seite ist, wer die Wassertemperatur erst mit einem Badethermometer checkt, ehe er die Füße hineingibt. Außerdem wichtig: Maximal drei Minuten baden, sonst weicht die Haut zu stark auf und wird anfällig für Keime. Die Füße anschließend mit einem weichen Handtuch gründlich abtrocknen. Zehenzwischenräume nicht vergessen!

Auf gepflegten Füßen fühlt man sich wohl.

Zum täglichen Pflegeritual gehört auch das Eincremen mit einer speziell für Diabetikerhaut geeigneten Creme oder leichten Schaum-Creme aus der Apotheke. Das Produkt der Wahl sollte die zu Trockenheit neigende Haut intensiv mit Feuchtigkeit versorgen. Aus diesem Grund enthalten viele medizinische Fußcremes für Diabetiker eine recht hohe Harnstoff-Konzentration. Nicht geeignet für die Pflege sind hingegen reine Fettcremes oder -salben, etwa Vaseline oder Melkfett. Denn je fetter die Creme, desto stärker wird die Haut durch einen undurchlässigen Film regelrecht versiegelt und in ihren natürlichen Funktionen beeinträchtigt. Dann drohen beispielsweise Pilzinfektionen.

Nägel behutsam kappen

Um Verletzungen bei der Fußpflege zu verhindern, sollten Diabetiker nur zu stumpfem Handwerkszeug greifen. Das heißt: Hornhaut nach dem Baden vorsichtig mit einem Bimsstein entfernen und die Nägel mit Sandblatt- oder Glasnagelfeile behutsam in Form bringen. Spitze Nagelscheren, Hornhauthobel und -raspel besser nicht verwenden.

Das Risiko für Verletzungen, Druckstellen und Blasen lässt sich übrigens auch durch die richtigen Schuhe und Strümpfe senken. Hier gilt: Am besten nahtlose Socken und Strümpfe aus Baumwolle tragen und täglich wechseln. Hochwertige, ausreichend breite Schuhe aus weichem Obermaterial tragen ihren Teil dazu bei, dass die Füße gesund bleiben. Sinnvoll kann es für Diabetiker sein, ihre Schuhe individuell bei einem orthopädischen Schuhmacher anfertigen zu lassen. ■

3 FUSS-TIPPS

- Übergewicht abbauen: Jedes Kilo zu viel belastet die Füße.
- Gezielte Fußgymnastik verbessert die Durchblutung.
- Nicht Barfußlaufen: Das Verletzungsrisiko ist zu hoch!

Fotos: Fotolia (3)

SO WIRKEN KOMPLEXMITTEL

Die Homöopathie erfreut sich großer Beliebtheit. Besonders einfach und stark nachgefragt ist die Anwendung homöopathischer Komplexmittel, die aus mehreren Einzelmitteln bestehen.

Homöopathie eignet sich für die ganze Familie.

Mehr als tausend so genannte Einzelmittel oder Ein-Wirkstoff-Präparate unterscheidet man in der Homöopathie. Die Auswahl und Anwendung der richtigen Verdünnung (Potenz) eines Wirkstoffes ist eine Wissenschaft für sich und erfordert eine entsprechende Ausbildung. Komplexmittel sind dagegen mehrere harmonisch aufeinander abgestimmte Einzelmittel, die gegen häufige Beschwerden wie zum Beispiel eine Halsentzündung oder Husten zum Einsatz kommen. Sie werden meist als Tropfen oder Tabletten in der Apotheke angeboten und sind sehr einfach anzuwenden.

Die Auswahl und Mischung dieser Mittel erfolgt nach ihrem Hauptanwendungsgebiet. So könnte zum Beispiel ein Komplexmittel gegen Erkältung zusammengesetzt sein aus den Einzelmitteln Aconitum,

Etwa die Hälfte der homöopathischen Fertigarzneimittel sind Komplexmittel.

um die Erkältung frühzeitig zu stoppen, Pulsatilla gegen Husten und Schnupfen, Ferum Phosphoricum gegen Fieber und Husten und Allium cepa gegen Schnupfen und Laufnase. Ein solches Komplexmittel wirkt also wie eine Art „Breitband-Homöopathikum" gegen typische Leiden.

Beliebt und praktisch

Die Mischung mehrerer Einzelmittel zu einem Komplex-Homöopathikum soll seine Wirksamkeit steigern und funktioniert ein wenig nach dem Gießkannenprinzip. Anhänger der klassischen Homöopathie stellen dagegen das Einzelmittel in den Mittelpunkt. In einem ausführlichen Erstgespräch beim Homöopathen werden die Beschwerden nicht isoliert betrachtet, sondern der einzelne Patient in seiner spezifischen Situation in den Blick genommen. Denn die Homöopathie geht davon aus, dass ein Krankheitssymptom eine Reaktion des Körpers auf Störursachen ist. Darum wird ganz individuell und punktgenau mit Hilfe des Symptomverzeichnisses (Repertorium) ein präzise passender Wirkstoff (Simile) in der richtigen Potenz herausgesucht.

Dieser sehr individuellen Behandlungsweise widerspricht das Komplexhomöopathikum. Denn die Auswahl des standardmäßigen Komplexmittels erfolgt nach dem Hauptbeschwerdebild wie in der Schulmedizin. Weil die Auswahl und Anwendung so einfach und zeitsparend ist, erfreuen sich die Komplexmittel großer Beliebtheit bei Patienten wie Behandlern und zeigen gute Erfolge. Erhältlich sind sie in der Apotheke, wo übrigens auch ganz individuelle Einzelmittel-Mischungen für den Patienten zusammengestellt werden können. ■

WIE HOMÖOPATHIE FUNKTIONIERT

Krankheitssymptome werden mit einer winzigen Menge eines Naturstoffes behandelt. In stärkerer Dosis würde dieses Mittel selbst ganz ähnliche Symptome hervorrufen. Die homöopathische Grundregel heißt denn auch: Gleiches mit Gleichem heilen. Die verwendeten natürlichen Wirkstoffe werden in genau vorgeschriebener Weise so stark verdünnt, dass sie dem Körper nicht mehr schaden können. Dabei wird die Wirkung immer stärker, je mehr die Substanzen verdünnt werden. Die Potenz D1 entspricht noch einem Tropfen der Urtinktur in neun Tropfen des Lösungsmittels, D9 nur noch einem Wirkstofftropfen in der Menge des Lösungsmittels, die in einen Tanklastzug passen würde.

Foto: Fotolia (2)

Mit etwas Vorausplanung lassen sich Versorgungslücken vermeiden.

VORSICHT, VERSORGUNGSLÜCKE!

Heute werden Patienten immer früher aus dem Krankenhaus entlassen. Dann muss mancher ohne Unterstützung und Hilfsmittel alleine zurechtkommen. Vorbeugen ist wichtig.

Ein geradezu klassischer Fall: Nur einen Moment war Agnes Stein abgelenkt und stolpert über die Eingangsstufe vor ihrem Haus. Die 85-Jährige rappelt sich nach dem ersten Schreck und Schmerz mühsam wieder auf und schleppt sich auf die Couch in ihrer Wohnung. Später stellt sich heraus, dass sie sich den Oberschenkelhals gebrochen hat. Für ältere Menschen ein Alptraum. Frau Stein hatte noch Glück im Unglück. Die Tochter brachte ihr ein Köfferchen mit allen notwendigen Dingen in die Notfall-Ambulanz. Sie sprach mit den Ärzten, dem Sozialdienst im Krankenhaus und der Krankenkasse, kümmerte sich um eine reibungslose Überleitung in eine geeignete Reha-Klinik und sorgte für die Verschreibung notwendiger Hilfsmittel wie Rollator und verstellbarem Pflegebett. Denn auch nach der Entlassung aus der Reha war die alte Dame nicht mehr ganz sicher auf den Beinen und benötigte weiter Unterstützung im Alltag. Eine Pflegestufe konnte schon über den Sozialdienst im Krankenhaus beantragt werden, und ein ambulanter Dienst war beauftragt.

Hilfe organisieren

Doch was passiert, wenn keine Angehörigen oder guten Freunde da sind, die helfen können? Die nach der Entlassung aus dem Krankenhaus oder der Reha-Klinik im Alltag noch eine Weile zur Seite stehen und Einkäufe sowie kleine hauswirtschaftliche Hilfen übernehmen können? Nicht immer gibt es einen Partner oder Kinder, die sich kümmern und alles Notwendige regeln. Ohne eine Pflegestufe besteht meist auch kein Anspruch auf ambulante Hilfen zu Hause. Und so bedeutet ein Sturz mit Arm- oder Beinbruch oder ein ähnlicher Zwischenfall für allein stehende Ältere nicht selten das Ende des selbstständigen Wohnens in den eigenen vier Wänden. Ärzte und Angehörige raten dann oft zum Umzug ins Seniorenheim. Doch mit etwas Voraussicht und Planung lassen sich auch solche schwierigen Übergangssituationen zuhause meistern.

Zu Hause genesen

Der Hintergrund der Versorgungslücken nach dem Krankenhaus- oder Reha-Aufenthalt ist die veränderte Abrechnungspraxis der Krankenhäuser mit den Kassen. Wurde früher die Dauer des Krankenhausaufenthaltes berücksichtigt, so erhalten die Kliniken seit der Einführung der Fallpauschalen 2004 nur noch einen Pauschalbetrag. Dieser Betrag deckt nur die medizinische Behandlung im Krankenhaus und den absolut notwendigen stationären Aufenthalt ab. Je länger ein Patient im Krankenhaus bleibt, desto teurer wird es deshalb für die Klinik. So hat sich die Verweildauer seit der Einführung der Fallpauschalen deutlich verkürzt. Ein guter Teil der individuell sehr unterschiedlichen Genesungsphase findet nun nicht mehr im Krankenhaus statt, sondern wurde in die eigenen vier Wände ausgelagert. Tatsächlich muss man mit einem Arm oder Bein im Gips nicht unbedingt im Krankenhaus liegen. Doch wer hilft dann im Haushalt? Hauswirtschaftliche Hilfen zahlt die Krankenkasse meist nur begrenzte Zeit, wenn Kinder unter zwölf Jahren im Haushalt leben, oder wenn bei älteren Menschen eine Pflegestufe vorliegt.

Rechtzeitig planen

Auch wenn sich nicht jede Krankenhausbehandlung voraussehen lässt: Die wichtigsten Unterlagen wie eine Patientenverfügung, möglichst auch eine Vorsorgevollmacht, den persönlichen Medikamentenplan und ärztliche Untersuchungsergebnisse sollten gerade ältere Menschen in einer Mappe immer griffbereit haben und auch für alle Fälle ein Notfallköfferchen mit etwas Wäsche etc. bereitstellen. Wenn dann etwas Unerwartetes passiert, kann ihn notfalls die Freundin oder nette Nachbarin aus der Wohnung holen - vorausgesetzt, bei ihr ist ein Schlüssel für die Wohnung deponiert.

Wichtig ist es auch, einen möglichen Hilfebedarf nach einer Operation schon vorher zu erfragen. So kann man rechtzeitig Vorsorge treffen und sich von der Krankenkasse wegen möglicher ambulanter Hilfen und Hilfsmitteln in der Wohnung beraten lassen. Auch mit Angehörigen und guten Freunden sollte man Unterstützungsmöglichkeiten besprechen. „Viele Ältere trauen sich nicht, Angehörige und Freunde um Hilfe zu bitten", weiß Elsbeth Rütten vom Verein „Ambulante Versorgungslücke e. V." aus Erfahrung. Wie viele Seniorenberatungen in den Kommunen, so berät auch der Bremer Verein, eine ehrenamtliche Patienteninitiative, vor Operationen und Krankenhausbehandlungen sowie zum Umgang mit den Krankenkassen. Ein weiterer wichtiger Ansprechpartner ist der Sozialdienst in den Kliniken, der auch Kontakt zu ambulanten Diensten herstellen kann. ■

ZUM BESTELLEN

Weitere Informationen und den praktischen Leitfaden mit Checklisten und Laufzetteln „Gut vorbereitet - schneller gesund" gibt es für 4,40 Euro und 2 Euro Porto bei: Ambulante Versorgungslücke e.V., Humboldtstraße 126, 28203 Bremen, Telefon 0421 - 38 09 734, im Internet: www.ambulante-versorgungsluecke.de.

Foto: Colourbox.com

HILFE FÜR DEN TRÄGEN DARM

Bei unserer Experten-Telefonaktion zum Thema Verstopfung konnte Dr. Anja Riyazi vielen ratsuchenden Anrufern mit Tipps aus der Apothekenpraxis weiterhelfen. Lesen Sie, was den Darm wieder mobil macht.

Ich habe nur jeden dritten Tag Stuhlgang. Leide ich unter Verstopfung?

Nein. Verdauung ist eine sehr individuelle Sache. Nicht jeder hat täglich Stuhlgang. Von einer Verstopfung spricht man erst, wenn die Stuhlentleerung eher selten bis dreimal pro Woche stattfindet. Alles andere, zwischen drei Mal täglich bis hin zu dreimal pro Woche, gilt als normal.

Klappt es mit der Verdauung, stimmt auch das Wohlgefühl.

Ab und zu streikt mein Darm. Wie kann ich meine Verdauung anregen?

Auf jeden Fall sollten Sie darauf achten, dass Sie über den ganzen Tag verteilt 1,5 bis 2 Liter Flüssigkeit zu sich nehmen. Jegliche Bewegung regt die Verdauung an. Machen Sie täglich mindestens einen Spaziergang und nach Möglichkeit Gymnastik, welche die Bauchmuskeln anregt. Gut ist auch Fahrrad fahren, schwimmen oder Treppen steigen. Ganz wichtig ist auch eine ausgewogene, ballaststoffreiche Ernährung. Die Fasern in den Ballaststoffen sorgen für eine bessere Darmmotorik. Sie sollten jedoch Ihre Ernährung vorsichtig umstellen, sofern Sie bisher nur wenig Ballaststoffe zu sich genommen haben, denn bei einer abrupten Einführung von faserreicher Kost kann es zu Blähungen und Völlegefühl kommen.

Ich leide ab und zu an Verstopfung, obwohl ich mich regelmäßig bewege und ausgewogen ernähre. Gleichzeitig habe ich ein starkes Völlegefühl. Ist es sinnvoll, dann ein Abführmittel zu nehmen?

Ja, Abführmittel sind nicht so schlecht wie ihr Ruf. Sie können Erleichterung verschaffen, wenn man sie korrekt einnimmt. In der Apotheke gibt es Mittel, die zuverlässig und schnell wirken, wie zum Beispiel Früchtewürfel (Neda, Zirkulin, fragen Sie auch Ihren Apotheker).

Ich möchte kein chemisches, sondern lieber ein pflanzliches Abführmittel einnehmen. Was käme da in Frage?

Als bekanntes Hausmittel gegen Verstopfung gilt beispielsweise der Verzehr von getrockneten Feigen. Trockenfeigen können den trägen Darm ganz sanft wieder in Schwung bringen. Zu den klassischen pflanzlichen Abführmitteln gehören auch die Blätter und Früchte der Sennespflanze. Ihre Inhaltsstoffe, die Sennoside, haben die Eigenschaft, dass sie die Darmtätigkeit und gleichzeitig den Wassergehalt im Darm erhöhen. So wird der Stuhl weicher und kann besser abtransportiert werden. Sennesfrüchte und -blätter sind in der Apotheke als Tee, Tabletten und zum Kauen erhältlich. ■

VORSICHT, SALZSÜNDER

Industriell verarbeitete Lebensmittel enthalten oft viel zu viel Salz. Das hat eine Untersuchung der Stiftung Warentest gezeigt, in der 74 verarbeitete Produkte auf ihren Salzgehalt hin untersucht wurden, z. B. Aufbackbrötchen, Fischstäbchen, Rotkohl und Tiefkühlpizza. Das Ergebnis: Mit nur einer Portion von vielen dieser Lebensmittel nimmt man bis zu 80 Prozent der täglich vertretbaren Salzmenge von sechs Gramm auf. Verbraucher können auf dem Etikett nur schwer erkennen, wie viel Salz in einem Lebensmittel enthalten ist. Meist ist der Natriumwert angegeben. Tipp: Wenn Sie diesen mit dem Faktor 2,5 malnehmen, ergibt sich der Salzgehalt. ■

BAUCH SCHADET BLASE

Männer mit ausgeprägtem Bierbauch riskieren nicht nur die Gesundheit ihres Herzens und Erektionsstörungen, sondern auch Probleme mit der Blase. Das belegt eine Studie der Cornell Universität in New York, über die die Ärzte Zeitung berichtet. Mit steigendem Taillenumfang mussten die Männer nicht nur tagsüber, sondern auch nachts immer häufiger zur Toilette gehen. ■

TRAINING SENKT STURZRISIKO

Menschen mit Gleichgewichtsstörungen hilft ein körperliches Training, um Stürzen vorzubeugen. „Speziell Kraftübungen, Koordinationstraining und Balanceübungen reduzieren das Sturzrisiko von Schwindel-Patienten erheblich", empfiehlt Privatdozent Dr. Leif Erik Walther vom Deutschen Berufsverband der Hals-Nasen-Ohrenärzte. „Gerade ältere, untrainierte Menschen stürzen aufgrund ihrer konstitutionellen Verfassung schneller und erleiden häufiger Komplikationen als aktive Gleichaltrige. Hinzu kommt nach einem Sturz die Angst vor einem erneuten Fall, die die Betroffenen noch unsicherer macht, ein Teufelskreis beginnt", warnt Walther. Jedes Jahr erleiden in Deutschland rund 100.000 über 65-Jährige bei Stürzen einen Hüftbruch. ■

Fotos: Fotolia

Jetzt bloß nicht ins Schwitzen kommen.

SYMPATHISCHE FRISCHE TROTZ SOMMERHITZE

Schweißgeruch und schlechter Atem sind extrem belastend. Für Betroffene und für ihre Mitmenschen. Vorbeugen tut Not.

Den Sommer kann man nicht nur sehen und auf der Haut spüren, sondern leider oft auch riechen. Denn bei Hitze steigt uns allzu häufig ein extrem unangenehmer, beißender Schweißgeruch in die Nase. Wir begegnen ihm im Bus, an der Kasse im Supermarkt, im Großraumbüro und manchmal sogar in den eigenen vier Wänden.

Schwitzen ist gesund

Dass der Mensch bei sommerlichen Temperaturen verstärkt ins Schwitzen kommt, ist völlig normal und für die Regulation der Körpertemperatur wichtig. Denn Schweiß schützt uns vor Überhitzung, kühlt die Haut und sorgt so dafür, dass der Körper seine Idealtemperatur von 37 Grad Celsius halten kann. Zum Glück ist frischer Schweiß, der zu etwa 99 Prozent aus Wasser besteht, völlig geruchlos. Ist man jedoch erst schweißgebadet, machen sich mit der Feuchtigkeit Mikroorganismen auf der Hautoberfläche breit, die das Sekret zersetzen. Und dann beginnt es, unangenehm zu müffeln…

Schweißgeruch ist scheußlich, lässt sich jedoch in aller Regel vermeiden: Tägliches Duschen beziehungsweise Waschen mit Wasser und einem milden Duschgel oder Syndet verhindert, dass die schweißzersetzenden Keime überhandnehmen. Vor allem die geruchsanfälligen Körperpartien, etwa die Achselhöhlen und der Intimbereich, sollten im Sommer täglich mit einer hautverträglichen Waschemulsion gereinigt werden. Füße nicht vergessen, denn hier sitzen die Schweißdrüsen dicht an dicht.

Deos leisten gute Dienste

Auch am Deo führt bei 30 Grad im Schatten kein Weg vorbei. Eine besonders intensive und langanhaltende Wirkung haben Antitranspirantien. Diese Power-Deos enthalten häufig Aluminiumsalze, die die Schweißproduktion verringern. Und wo weniger Wasser fließt, kann auch weniger Körpergeruch entstehen. Ihr eigenes Deo brauchen die Füße, vor allem, wenn sie tagsüber in geschlossenen Schuhen stecken müssen. In Ihrer Apotheke berät man Sie gern.

Bei vielen Menschen ist Körpergeruch ein typisches Sommerproblem, aber

Fotos: Fotolia

nicht bei allen. Manche geraten rund ums Jahr schon bei kleinen Anstrengungen oder sogar ohne erkennbaren Grund ins Schwitzen – und haben entsprechend oft mit dem Problem zu kämpfen. Hormonell bedingte Hitzewallungen wiederum machen Frauen in den Wechseljahren oft heftig zu schaffen – zudem können Übergewicht, Herz-Kreislauf-Schwächen und Infekte solche Attacken begünstigen. Tipp: Wer ohne offensichtlichen Grund häufig und stark schwitzt, sollte einmal zum Arzt gehen, um nach den Ursachen zu forschen.

Mundgeruch: ein echter Sympathiekiller.

© Queisser

Schlechter Atem entsteht im Mund

Unabhängig von Temperatur und Jahreszeit ist der Mundgeruch. Schlechter Atem entsteht fast immer im Mund- und Rachenraum und ist nur sehr selten auf Magenprobleme zurückzuführen. Oft haben sich Plaque-Bakterien in Zahnzwischenräumen oder unter dem Zahnfleischrand angesiedelt und zu Karies oder Parodontose geführt. Von diesen Erkrankungen der Zähne und des Mundraums bleibt hierzulande kaum ein Mensch lebenslang verschont.

Während die mikroskopisch kleinen Erreger ihr zerstörerisches Werk vollbringen, werden flüchtige Schwefelverbindungen frei, was den typischen Mundgeruch begünstigt. Verhindern lässt sich dies nur, wenn die lästigen Keime gründlich beseitigt und ihre Schlupflöcher geschlossen werden – mehrmals tägliches Zähneputzen, der Gebrauch von Zahnseide und Zungenreiniger sowie regelmäßige Besuche beim Zahnarzt sollten selbstverständlich sein.

Duschen erfrischt.

Keine Chance für Mundgeruch

Zuverlässige Helfer gegen schlechten Atem sind spezielle Mundspüllösungen aus der Apotheke. Mit Wirkstoffen wie Chlorhexidin, Zinkacetat, Aminfluorid und Zinnfluorid wirken sie gegen die Keime in der Mundhöhle. Von Mundgeruch Geplagte sollten sich in der Apotheke nach einer geeigneten Mundspülung und ihrer richtigen Anwendung erkundigen.

Sinnvoll können auch spezielle Chlorophyll-Präparate sein. Sie enthalten den natürlichen Blattfarbstoff, der sich durch desodorierende und keimhemmende Eigenschaften auszeichnet. Sinnvoll ist es außerdem, durch vermehrtes Wassertrinken und Kaugummikauen den Speichelfluss zu erhöhen und so Mundtrockenheit vorzubeugen. Ein trockener Mund kann beispielsweise durch Stress, nächtliches Schnarchen oder die Einnahme bestimmter Medikamente ausgelöst werden und zur Bildung unangenehmer Gerüche führen. ■

TOP GEGEN KÖRPERGERUCH

- luftdurchlässige, atmungsaktive Kleidung aus Naturmaterialen
- moderne Funktionstextilien für den Sport
- täglich frische Strümpfe
- Schuhe täglich wechseln und gründlich lüften
- Achselhaare entfernen
- Salbeitee trinken

SOMMER, SONNE, MÜCKENSTICHE...

Mückenstiche sind unangenehm, aber zum Glück meist harmlos. Den Juckreiz kann man lindern. Noch besser ist es, die Mücken schon vorbeugend auf Abstand zu halten.

Wer kennt das nicht: Man versucht gerade einzuschlafen, da hört man das sirrende Geräusch einer nah vorbei fliegenden Mücke... Gerade jetzt sind sie mal wieder allgegenwärtig. In den kühleren Abendstunden oder nachts, wenn wir zur Ruhe kommen wollen, sind die Mücken plötzlich da. Ihre Stiche sind unangenehm. Die roten Schwellungen und der Juckreiz an der Stichstelle können mehrere Tage anhalten und uns ziemlich nerven.

Die weiblichen Mücken stechen zu, weil sie die in unserem Blut enthaltenen Eiweiße für die Entwicklung ihrer Eier benötigen. Der eigentliche Stich der Mücke schmerzt nicht. Aber die Mücke „spritzt" zugleich auch Protein, um zu verhindern, dass unser Blut gerinnt. Als Reaktion darauf schüttet der Körper Histamin aus. Das ist ein Gewebshormon, welches bei der Abwehr körperfremder Stoffe und auch bei Allergien eine Rolle spielt. So beginnt es an der Einstichstelle zu jucken.

Allergische Reaktionen

Manche Menschen reagieren allerdings heftiger auf einen Stich. Sie bekommen Nesselsucht, großflächige Rötungen, manchmal auch Atemnot, Fieber, Brechreiz oder Kreislaufstörungen. Überhaupt geht es bei Mückenstichen ziemlich ungerecht zu. Denn die einen werden ständig heimgesucht, andere trifft es fast gar nicht. Der Volksmund spricht davon, dass die Betroffenen „süßes Blut" hätten. Das ist aber falsch. Vielmehr orientieren sich Mücken an Körpertemperatur und Gerüchen. Besonders Schweißgeruch ist offenbar anziehend. Als Stichstelle suchen sie sich einen Körperteil aus, der gut durchblutet und wenig behaart ist.

Wenn man kratzt, kann sich die Einstichstelle entzünden. Zur Linderung des Juckreizes helfen kühlende Umschläge (Cold-Pack, essigsaure Tonerde). Antihistaminikahaltige Gels oder Salben aus der Apotheke bremsen darüber hinaus die lokale Reaktion. Gegen den Juckreiz gibt es auch Hausmittel wie beispielsweise Teebaumöl, Zitronensaft oder eine aufgeschnittene Zwiebel, mit der man die Stichstelle einreibt.

Abwehrstrategien entwickeln

Zur Vorbeugung gibt es verschiedene abwehrende Mittel, die verhindern, dass Mücken uns orten können. Die meisten maskieren den Körpergeruch des potenziellen Opfers mit einer umhüllenden Duftwolke, andere senken die Temperatur der Hautoberfläche. Nicht alle Mittel sind für schwangere oder stillende Frauen und kleinere Kinder geeignet. Bei jedem Produkt bitte die Gebrauchsanweisung genau beachten und sich in der Apotheke beraten lassen. Hilfreich sind in jedem Fall Fliegengitter vor dem Fenster, damit man im Sommer bei offenem Fenster schlafen kann – ohne nervtötende Gäste. ■

MIT VIREN GEGEN KREBS

Die winzigen Erreger verursachen nicht nur Krankheiten, sondern können offenbar auch bei der Heilung helfen. Seit Jahren experimentieren Forscherteams mit verschiedenen Virentypen und erzielen ermutigende Erfolge.

Viren können die Krebsbehandlung künftig effektiver machen.

Foto: Fotolia

Um es gleich vorweg zu nehmen: Bis die erfolgreichsten Therapiestrategien mit Viren Krebspatienten zur Verfügung stehen, ist es ein langer Weg. Überwiegend befinden sich die Studien noch im Versuchsstadium mit Mäusen oder Ratten. Doch zwei viel versprechende Ansätze sind schon recht weit fortgeschritten. Sie sollen jetzt in klinischen Studien am Menschen zeigen, dass sie keine unerwünschten Risiken und Nebenwirkungen bergen. Denn bei Viren handelt es sich immerhin um Krankheitserreger.

Parvoviren vernichten Hirntumore

Eine Fähigkeit zeichnet Viren aus, die sie gefährlich macht – auch für Tumore: Sie können in Zellen eindringen und diese zerstören. Insbesondere onkolytische Viren – das sind Krebs auflösende Viren – nutzen Forscher im Kampf gegen Tumore. Zu diesem Virentyp gehören die Parvoviren. Sie vermehren sich nur in sehr teilungsfreudigen Zellen. Genau das ist das tödliche Merkmal der wuchernden Krebszellen. Schon 2010 konnten Wissenschaftler am Deutschen Krebsforschungszentrum in Heidelberg an Ratten beobachten, dass solche Parvoviren einen besonders aggressiven Hirntumor (Glioblastom) vollständig vernichten können. Obendrein wurden die Ratten auch langfristig immun gegen diese Krebsart.

Erste Patientenstudie

Inzwischen haben die Heidelberger Forscher den ersten Versuch mit einigen Patienten gestartet, bei denen der bösartige Hirntumor nach einer Behandlung erneut ausgebrochen war. Diese Patienten bekamen winzige Mengen Parvoviren zwei Mal injiziert. Zudem wurde der Tumor auch operiert, denn bei dieser ersten Studie soll erst einmal nur die Unschädlichkeit der Virentherapie für den Menschen geprüft werden. An sich können Parvoviren nur Nagetieren gefährlich werden. Und tatsächlich sehen die Zwischenergebnisse bei den Studienteilnehmern bisher gut aus. „Alle Studienteilnehmer haben das Virus gut vertragen“, hieß es in Heidelberg. Erst wenn die Sicherheit dieser Therapie nachgewiesen ist, wird in einer zweiten Phase die Wirksamkeit eingehend erforscht. Bis man verlässliche Aussagen darüber treffen kann, werden noch mindestens vier Jahre vergehen. Parvoviren werden auch bei anderen Tumorarten erprobt, allerdings noch im Tierversuch.

Schnupfenviren locken Abwehrzellen

Seit längerem zerbrechen sich Forscher den Kopf darüber, wie sie das Immunsystem von Patienten dahin bringen könnten, den Krebs selber zu zerstören. Jetzt haben Dr. Frank Schnieders und Dr. Reinhard Wähler vom Universitätsklinikum Hamburg-Eppendorf eine viel versprechende Methode gefunden. Sie konnten fast alle ihre krebskranken Versuchstiere durch eine einmalige Behandlung vom Krebs heilen, selbst Ratten mit einem sehr großen Lebertumor. Die Forscher sind aber überzeugt, dass sich ihre Methode auch bei anderen Krebsarten bewähren wird. Dafür benutzen sie harmlose Schnupfenviren. Diese lagern sich an Zellen des menschlichen Organismus an und können ihre Erbsubstanz in die Körperzellen einschleusen. Die Schnupfenviren vermehren sich schnell, und die Erkältung nimmt ihren Lauf. Die Hamburger Forscher programmieren die Schnupfenviren um, indem sie ihr Erbgut gentechnisch umbauen. Sie pflanzen ihnen drei Gene ein und spritzen sie direkt in das Tumorgewebe. Dort infizieren die Schnupfenviren die Tumorzellen.

Metastasen aufgespürt und beseitigt

Zwei der eingepflanzten Gene im Virus produzieren ein Eiweiß, das die körperlichen Abwehrkräfte, die T-Zellen, auf den Plan ruft und zum Tumor lockt. Das dritte Gen produziert ebenfalls ein Eiweiß, das sich bei den infizierten Krebszellen auf der Oberfläche zeigt. Als Ko-Stimulator sorgt es dafür, dass sich die T-Zellen geradezu auf die infizierten Tumorzellen stürzen und sie vernichten. „Von den guten Ergebnissen unserer Versuche selbst bei großen Tumoren und sehr geringer Dosis waren wir selber überrascht“, berichtet Dr. Schnieders. Durch diesen Therapieansatz wird offenbar nicht nur der Tumor vollständig beseitigt, sondern sogar Metastasen in anderen Körperregionen vernichtet. Das Verfahren wirkt wie eine Impfung, denn die körperlichen Abwehrkräfte schützen künftig vor dieser Krebsart. Die eingebauten Gene stellen keine Gefahr, denn mit den Tumorzellen werden auch sie vernichtet. Jetzt arbeiten die Hamburger Forscher daran, die Therapie für den Einsatz am Menschen vorzubereiten und Risiken auszuschließen. „Unsere bisherigen Ergebnisse machen uns sehr optimistisch“, so Schnieders, „dass wir eine ausgesprochen effektive und gleichzeitig ungefährliche Form der Gentherapie gefunden haben.“ ■

Wie auch Diabetiker dauerhaft abnehmen können

Diabetiker haben meist einen wesentlich höheren Insulin-Blutspiegel als Nicht-Diabetiker – deshalb haben sie es besonders schwer abzunehmen. Neue Studien machen ihnen Hoffnung: Bessere Blutwerte und weniger Gewicht sind erreichbar.

Von Rudolf Keil, Apotheker für Offizin-Pharmazie, Gesundheits- und Ernährungsberatung, Grevenbroich

Uschi Beckmann hat 18 Kilo abgenommen, Martin Herhold 20 Kilo, und Gülsen Bostanci ist sogar 40 Kilo leichter: Alle drei sind Diabetiker, waren stark übergewichtig und hatten schon viele Diäten ausprobiert. Es gelang ihnen jetzt im Rahmen einer wissenschaftlichen Studie des Westdeutschen Diabetes Zentrums in Düsseldorf mithilfe von Almased, einem Stoffwechsel-Aktivierer aus Soja, Joghurt und Honig (s. rechte Seite), abzunehmen.

Typ-2-Diabetes ist eine Stoffwechselerkrankung, die vor allem bei übergewichtigen Menschen auftritt. Hier produziert der Körper zwar Insulin, aber die Zellen reagieren nicht wie gewohnt darauf. Sie nehmen zu wenig Glukose auf, der Blutzucker steigt. Als Reaktion wird nun vermehrt Insulin gebildet, um den Blutzuckerspiegel zu normalisieren. Der hohe Insulinspiegel jedoch fördert die Fetteinlagerung und hemmt den Fettabbau. Hier kann Almased helfen.

Almased hat einen sehr niedrigen glykämischen Index (misst die Wirkung von Nährstoffen auf den Blutzuckerverlauf). Es wirkt nachweislich positiv auf die Blutwerte von Diabetikern, unter anderem belegt in einer Studie der Universität Witten (siehe Grafik unten). Eine aktuelle Studie eines renommierten Forschungszentrums belegt jetzt erneut, wie wichtig beide Faktoren gerade für Diabetiker sind, die abnehmen wollen.

Neue wissenschaftliche Erkenntnisse

So hat das Joslin Diabetes Center der USA auf der Grundlage der neuesten wissenschaftlichen Erkenntnisse jetzt eine Empfehlung für die effektivste Diabetes-Diät herausgegeben. Diabetiker sollten ihre Diät so gestalten, dass sich die Kalorien zu etwa 40 Prozent auf Kohlenhydrate, zu 30 Prozent auf Fett und zu 30 Prozent auf Eiweiß verteilen. Eine Diät für Diabetiker muss also, wenn sie besonders effektiv sein soll, wesentlich mehr Eiweiß enthalten, als man bisher annahm. Und eine aktuelle Veröffentlichung der Cochrane Collaboration, eines weltweiten Netzes von Wissenschaftlern, Ärzten und anderen Angehörigen des Gesundheitssystems, kommt zu dem Schluss, dass eine Diät mit niedrigem glykämischen Index anderen Diäten überlegen ist.

Mit der Almased-Diät, die beide Bedingungen erfüllt, gelingt das Abnehmen mühelos.

Deutlich bessere Blutwerte nach 26 Wochen mit Almased

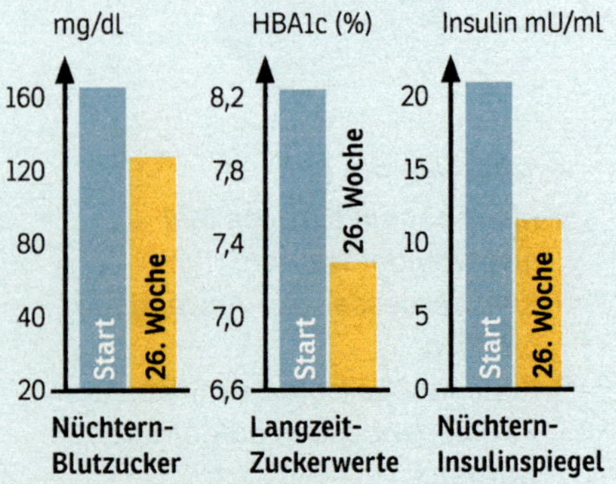

Zänker KS, Erxleben-Neis J, Gottschalk G; Schweig N: Diabetes Typ 2 mellitus und Krebs. Deutsche Zeitschrift für Onkologie 2005; 37:114-121.

Martin Herhold (41), Monheim

„2005 wurde bei mir Diabetes festgestellt, und als Gern-Esser steigerte ich mein Gewicht in der Spitze bis über 130 Kilo. Die Turbo-Phase mit Almased, bei der alle drei Mahlzeiten durch je einen Shake ersetzt werden, fiel mir anfangs schwer, aber dafür sank das Gewicht sehr schnell. Jetzt bin ich über 20 Kilo leichter als beim Start und ersetze nur täglich eine Mahlzeit. Das bringt immer noch ein paar Kilo weniger pro Monat – und meine Blutzucker- und Cholesterinwerte sind viel besser als früher."

Uschi Beckmann (67), Düsseldorf

„Ich bin seit 1996 Diabetikerin und habe Insulin gespritzt, meine Blutzuckerwerte waren sehr hoch. Vor einigen Monaten habe ich begonnen, Almased zu nehmen. Mein Startgewicht betrug 107 Kilo. Anfangs habe ich alle drei Mahlzeiten durch einen Almased-Drink ersetzt, das ging recht gut, denn jede Almased-Mahlzeit hält mich für vier bis fünf Stunden satt. Nach zwei Wochen gab es dann wieder täglich eine reguläre Mahlzeit, einen Monat später dann zwei. Bis heute ist mein Gewicht auf 89 Kilo gesunken. Die Blutzuckerwerte sind deutlich gefallen, ich spritze nur noch einmal am Tag Insulin. Auf der Straße sprechen mich Bekannte an, jeder fragt: ‚Was hast du denn gemacht?' Dann berichte ich von meinen Erfahrungen und werbe für Almased."

MINUS 18 KILO

Vorher

„Wir haben abgenommen!"

Gülsen Bostanci (42), Düsseldorf

„seit zehn Jahren Diabetikerin, wog über 120 Kilo und musste zuletzt dreimal täglich eine hohe Dosis Insulin spritzen. Seit ich jetzt mit Almased 40 Kilo abgenommen habe, kann ich ganz auf das Spritzen verzichten, ich nehme nur noch Tabletten – das ist eine ganz neue Lebensqualität. Ich hatte vorher schon viel versucht, um abzunehmen, ohne Erfolg. Mit Almased habe ich gerade in der Anfangsphase, als alle drei Mahlzeiten ersetzt wurden, sehr zügig Gewicht verloren. Schon bald machte es mir auch wieder Spaß, mich zu bewegen. Erst habe ich Walking gemacht, dann bin ich schwimmen gegangen, jetzt mache ich Pilates und Fitness. Zurzeit ersetze ich täglich eine Mahlzeit durch Almased und verliere weiter Gewicht. Ich will nie wieder rückfällig werden, und ich will nie wieder Insulin spritzen müssen!"

Anzeige

Bestellen oder downloaden:
Gratis-Fahrplan zum Erfolg

Die „planfigur" bietet ein 14-Tage-Programm zum Abnehmen mit Almased. Die Standardausgabe für alle wird ergänzt durch eine Extraausgabe für Diabetiker. Beide Broschüren mit vielen leckeren Rezepten können Sie bestellen oder downloaden unter **www.planfigur-rm.de** oder per Postkarte als Broschüre anfordern: **Almased, Stichwort: planfigur für Diabetiker, Postfach 1220, 29550 Bienenbüttel**

Extra für Diabetiker
bestellen oder downloaden unter **www.planfigur-rm.de**

Anzeige

Endlich! Das große Almased-Kochbuch

Worauf Sie schon lange warten – das erste Almased-Kochbuch. Es unterstützt das Abnehmen mit über 130 leckeren Rezepten für alle vier Phasen der Almased-Diät. **Andrea Stensitzky-Thielemans: Das Almased-Kochbuch,** Trias Verlag, ISBN 978-3-8304-6791-5; 17,99 Euro

Anzeige

Hundert Prozent reine Natur:
Das steckt in Almased

Almased ist ein Lebensmittel aus hochwertigem Soja, das auch zur Zubereitung von Säuglingsnahrung zugelassen ist, probiotischem Joghurt und naturbelassenem, flüssigem Honig aus Naturschutzgebieten in Mexiko. In Wasser oder Magermilch aufgelöst, ersetzt es zum Start alle drei täglichen Mahlzeiten, später noch zwei oder eine Mahlzeit.

STRATEGIEN FÜR EINEN BEWEGLICHEN RÜCKEN

Es zieht im Nacken, reißt im Kreuz: Rückenschmerzen sind quälend. Oft sind Bewegungsmangel und ungünstige Alltagsgewohnheiten dafür verantwortlich. Steuern Sie gegen!

„Ich habe Rücken!" – Was der Komiker Hape Kerkeling so komisch wie treffend auf den Punkt bringt, kennen Millionen Menschen nur zu gut. Mittlerweile ist jeder zweite Arztbesuch auf ein Rückenleiden zurückzuführen. Die gute Nachricht: „Die meisten Rückenleiden heilen von selbst aus", sagt Dr. Martin Marianowicz, Facharzt für Orthopädie, Chirotherapie und Sportmedizin. Orthopäden sollten sich deshalb zunächst um Alternativen bemühen, bevor sie zum Messer greifen.

Besser, als Rückenleiden zu kurieren, ist es natürlich, ihnen vorzubeugen. Dabei kommt es vor allem auf einen aktiven, bewegten Alltag an. Balsam fürs Kreuz sind neben Sport und Spaziergängen auch Unternehmungen mit Freunden und ausreichende Entspannungsphasen. Das Gute: Schon mit geringem Aufwand und kleinen Tricks kann man viel für einen gesunden Rücken tun. Hier einige Tipps – fürs Büro, für die Freizeit und für zu Hause.

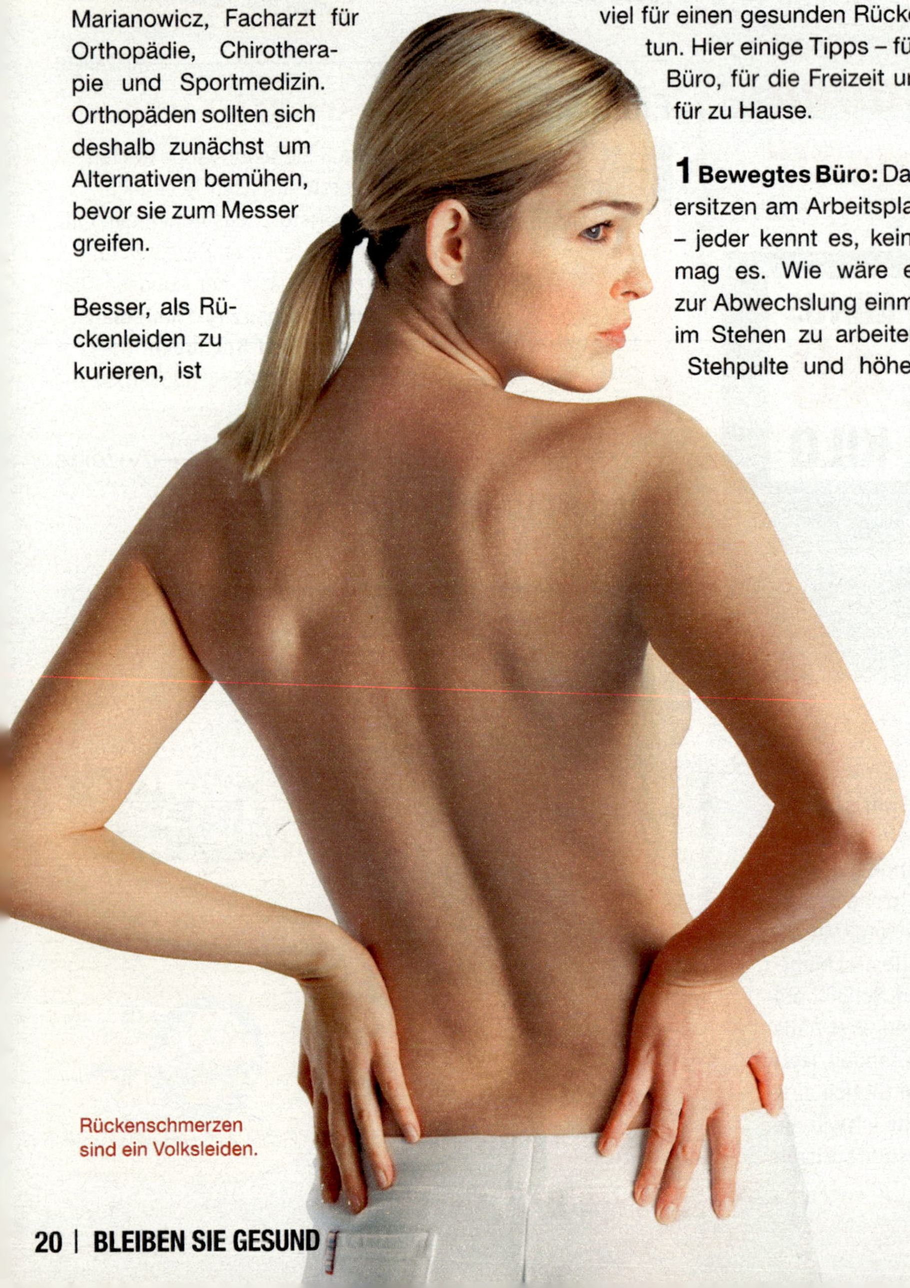

Rückenschmerzen sind ein Volksleiden.

Fotos: Aktion Gesunder Rücken e. V. (AGR)

1 Bewegtes Büro: Dauersitzen am Arbeitsplatz – jeder kennt es, keiner mag es. Wie wäre es, zur Abwechslung einmal im Stehen zu arbeiten? Stehpulte und höhenverstellbare Schreibtische machen es möglich.

2 Starke Schultern: Kleine Übungen zur Stärkung der Schulter- und Brustmuskeln lassen sich meist mühelos in den Arbeitsalltag integrieren. Beispielsweise diese: In jede Hand eine gefüllte Wasserflasche nehmen, beide Arme seitlich ausstrecken und nach oben anwinkeln. Die Unterarme jetzt vor dem Kopf zusammen- und wieder auseinanderführen. Übung 10 Mal wiederholen.

3 Am runden Tisch: Im Büro wird oft auf hochwertige Sitzmöbel geachtet. Doch wie sieht es am Esstisch aus? An dem Platz, an dem Familien oft zusammensitzen – zum Essen, Erzählen, Spielen? Gerade hier sollten die Möbel nicht nur bequem sein, sondern gleichzeitig die Rückenmuskulatur unterstützen.

4 Fitnesscenter auf vier Pfoten: Vielen Menschen fehlt die Motivation, allein spazieren zu gehen. Dann muss Begleitung her, idealerweise ein Hund. Wer Verantwortung für einen Vierbeiner übernimmt, wird dafür mit einem aktiveren Alltag belohnt. Gassi-Gehen, Spielen, Erziehungstraining und ausgiebiges Schmusen stehen selbstverständlich auf der Tagesordnung. Das hält auch den Rücken fit!

5 Den Alltag entschleunigen: Schaffen Sie sich bewusst Freiräume und Ruhephasen. Eine gute Übung für den Anfang: Für zwei Stunden den Computer ausschalten, das Handy weglegen und die Klingel abstellen. Nutzen Sie diese Zeit zum Entspannen, zum Lesen oder um ein kleines Nickerchen zu halten.

BUCHTIPP

80 Prozent aller Rückenschmerzen klingen durch sanftes Muskeltraining und eine effiziente Schmerztherapie wieder von alleine ab, ist der Wirbelsäulenspezialist Dr. Martin Marianowicz überzeugt. In seinem Buch „Aufs Kreuz gelegt" (Arkana Verlag, 9,99 Euro) erklärt er, wie der Weg zur Schmerzfreiheit auch ohne Operation möglich ist.

Ein Hund bringt Bewegung ins Leben.

6 Radeln für den Rücken: Entspanntes Freizeitradeln stärkt den Bewegungsapparat, erhöht die Ausdauer, fördert die Koordinationsfähigkeit und ist dabei auch noch umweltschonend. Gründe genug, sich regelmäßig auf den Drahtesel zu schwingen. Um Fehlhaltungen und -belastungen beim Radeln zu vermeiden, sollten Sie sich ein hochwertiges Fahrrad zulegen. Eine Vollfederung muss sein, um die Wirbelsäule vor schädlichen Stößen zu schützen. Tipp: Eine gute Wahl sind von der „Aktion Gesunder Rücken“ mit dem AGR-Gütesiegel ausgezeichnete, ergonomisch gestaltete Fahrräder.

7 Sanft schlummern: Wer sich nach dem Aufstehen oft wie gerädert fühlt, obwohl er eigentlich lange genug geschlafen hat, sollte sein Bett einmal genauer unter die Lupe nehmen. Kreuz- und Nackenschmerzen am Morgen deuten darauf hin, dass die Körperhaltung während der Nachtruhe nicht rückengerecht war. Vor allem ein durchhängender Lattenrost und die falsche Matratze sind Gift für die Wirbelsäule. Abhilfe schafft ein modernes, rückengerechtes Bettsystem. Lassen Sie sich beim Kauf im Fachgeschäft beraten!

8 Räkeln Sie sich wach: Genießen Sie die gemütliche Bettwärme am Morgen beim „Wachräkeln“: Strecken Sie Ihre Arme und Beine so weit wie möglich aus. Zuerst nach oben und unten, dann nach links und rechts.

9 Gartenfreuden genießen: Gartenarbeit bringt Bewegung in den Alltag und ist eine willkommene Alternative zum Sport. Voraussetzung für rückengesundes Gärtnern sind allerdings gute Arbeitsgeräte. Faustregel: Gartengeräte, die eine aufrechte Körperhaltung ermöglichen, eine hohe Manövrierfähigkeit und ein sehr geringes Eigengewicht haben, sind rückengerecht und gelenkschonend.

10 Jeder Gang zählt: Krankenschwestern, Kellner und Paketzusteller sind rund um die Uhr auf Achse. Sachbearbeiter, Grafiker und Buchhalter sitzen dagegen fast während der gesamten Arbeitszeit. Für sie gilt: Kurze Wege nutzen, um in Bewegung zu bleiben. Der Gang zum Briefkasten, zum Kopierer oder zum WC eignet sich wunderbar, um sich zu recken und zu strecken. Machen Sie ein paar kleine Dehnübungen im Stehen und atmen Sie mehrmals tief durch. ■

HILFE BEI SCHMERZEN

- Wärmeumschläge und -pflaster
- Schmerzsalben mit Wirkstoffen wie Diclofenac, Ibuprofen oder Beinwellwurzel-Extrakt zum Einreiben
- Schmerzmittel zum Einnehmen (z. B. mit Acetylsalicylsäure, Ibuprofen, Naproxen, Diclofenac)
- Der körpereigene Nährstoff Uridinmonophosphat kann helfen, geschädigte Nerven zu regnerieren. Auch Folsäure und Vitamin B12 spielen eine wichtige Rolle im Nervenstoffwechsel.

Lassen Sie sich bitte von Ihrem Arzt und in Ihrer Apotheke beraten!

Gewinnen Sie 7 Übernachtungen für 2 Personen im Doppelzimmer inkl. erweiterter HP im Hotel & Spa Larimar****S!

Das Hotel & Spa Larimar****S in Stegersbach im Südburgenland hat sich auf Ayurveda und Shaolin-Wellness spezialisiert. Mehr Schwung ins Urlaubsleben bringen auch rund 20 Tanzwochen sowie Workshops, die übers Jahr verteilt immer wieder rhythmische Anreize für körperliche und seelische „Freudentänze" bieten. Im Haus gibt es eine 4.000 m^2 große, hoteleigene Wellness- und Spalandschaft mit Larimar Therme und Saunawelt. Über einen Bademantelgang gelangen die Gäste außerdem direkt in die Familientherme Stegersbach. Das kompetente Therapeuten-, Ärzte- und Trainerteam im Larimar Spa setzt mit 130 Behandlungen von klassisch bis fernöstlich neue Maßstäbe für ganzheitliche Gesundheit und Wohlbefinden. Weitere Infos: www.stegersbach.at

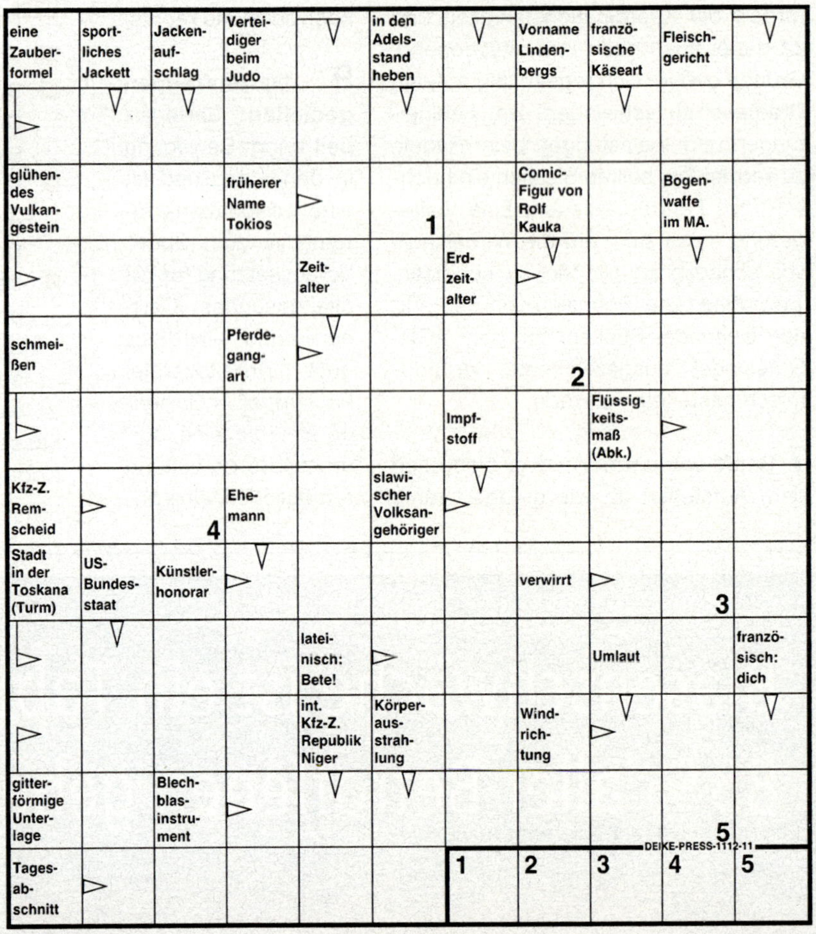

Wählen Sie unsere Gewinn-Hotline 0137-8 55 80 55

Ein Anruf aus dem deutschen Festnetz kostet nur 50 Cent, für Mobilfunkteilnehmer gelten abweichende Gebühren.

Nennen Sie das Lösungswort, Ihren Namen und Ihre Adresse. Jeder Anruf hat die gleiche Gewinnchance!

Oder per Postkarte an: Gebr. Storck, Duisburger Straße 375, 46049 Oberhausen oder www.ratgeber-gesund.de/quiz. Teilnahmeschluss: 1.8.2013. Der Rechtsweg ist ausgeschlossen. Die Gewinner werden benachrichtigt. Der Preis wurde uns vom Hotel & Spa Larimar****S unentgeltlich zur Verfügung gestellt.

Datenschutz: Wir garantieren, dass Ihre Teilnehmerdaten unmittelbar nach der Ziehung beziehungsweise der Benachrichtigung der Gewinner vollständig vernichtet werden. Eine Weitergabe an Dritte ist ausgeschlossen.

ENTSPANNT DURCH DIE WECHSELJAHRE

Die Wechseljahre sind eine Zeit der Veränderung. Wie Frauen am besten mit den Hormonschwankungen der Wechseljahre zurechtkommen, erfuhren Sie bei unserer Experten-Telefonaktion.

Ich leide seit Beginn meiner Wechseljahre unter Übergewicht. Was kann ich tun?

Die Ursache für die Gewichtszunahme in den Wechseljahren liegt hauptsächlich im nachlassenden Kalorienbedarf. Der Stoffwechsel verändert sich, und eine Frau um die 50 benötigt im Schnitt täglich 400 Kilokalorien weniger als z. B. eine 30-Jährige. Tipp: Achten Sie auf eine kalorienbewusste, aber nährstoffreiche Ernährung und treiben Sie Sport.

Ich bin in der Postmenopause und habe nun plötzlich Haarausfall. Woran kann das liegen?

Haarausfall kann eine Folge der Hormonumstellung sein. Kommen die weiblichen Hormone ins Ungleichgewicht, gewinnen in manchen Fällen die männlichen Hormone die Oberhand. Sie sorgen dafür, dass Haarwurzeln nicht mehr richtig versorgt werden und so kein Haar mehr nachwächst oder sogar Haar ausfällt. Besonders häufig ist diese Entwicklung im Scheitelbereich zu sehen. Lassen Sie sich nach Absprache mit Ihrem Hausarzt oder Gynäkologen von einem Endokrinologen beraten.

Welche Anzeichen sind typisch für die Wechseljahre?

Zu Beginn der Wechseljahre kommen unregelmäßige Zyklen, stärkere Blutungen oder längere Perioden vor. Auch Hitzewallungen, Schweißausbrüche, Schwindelgefühle, Herzrasen oder -stolpern und Blasenprobleme sind häufige Beschwerden. Auch Symptome wie Gelenkschmerzen, Übergewicht, verminderte Libido, trockene Schleimhäute, Haarausfall oder Depressionen können vorkommen.

Ich habe gehört, dass Magnesium auch während der Wechseljahre wichtig ist. Stimmt das?

Gerade für Frauen ist eine ausreichende Magnesium-Zufuhr in allen Lebensphasen notwendig. Das Spurenelement wirkt regulierend auf den Hormonhaushalt und ist unverzichtbar für den weiblichen Stoffwechsel. Das ist auch in den Wechseljahren so. Magnesium unterstützt das Herz, die Blutgefäße, Muskeln sowie Nerven und beugt in Kombination mit Kalzium der Osteoporose vor. Da es nicht immer einfach ist, den täglichen Magnesiumbedarf über die Ernährung zu decken, ist in vielen Fällen die regelmäßige Zufuhr eines Magnesiumpräparates sinnvoll (wie z. B. Biolectra Magnesium 300, Magnesium Beta, fragen Sie auch Ihren Apotheker). Die Einnahme von täglich 300 mg sorgt für ein ausreichendes Magnesiumdepot. ■

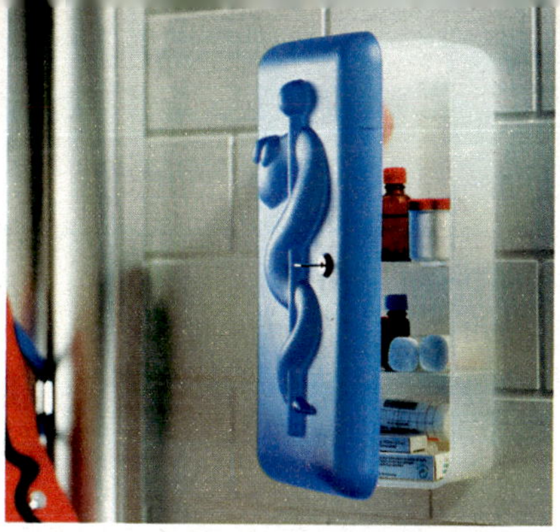

Foto: ABDA

TIPPS FÜR DIE HAUSAPOTHEKE

Um das Arzneischränkchen in den eigenen vier Wänden sollte man sich regelmäßig kümmern.

Die Hausapotheke sollte fest verschließbar und für Kinder nicht zugänglich sein. Sie steht am besten an einem kühlen, trockenen, dunklen Ort wie Schlafzimmer oder Flur. Bad oder Küche sind zu warm und feucht. Tipp: Gehört ein Medikament in den Kühlschrank, steht das im Beipackzettel.

Arzneimittel stets in der Originalverpackung zusammen mit dem Beipackzettel aufbewahren. Nach Anwendungsgebieten geordnet, ist im Notfall alles schnell zur Hand. Eventuell Mittel für Kinder oder die persönlichen Arzneimittel einzelner Familienmitglieder kennzeichnen (z. B. mit verschieden farbigen Klebe-Etiketten). Rezeptpflichtige Arzneimittel getrennt und nur für die Dauer der Behandlung aufbewahren.

Alles noch aktuell?

Mindestens einmal im Jahr ist Ausmisten angesagt. Jede Verpackung trägt ein Verfallsdatum – abgelaufene Arzneimittel wegwerfen oder zur Entsorgung in der Apotheke abgeben. Angebrochene Säfte, Augen-, Nasentropfen, Salben etc. können schon vor Ende des Haltbarkeitsdatums unbrauchbar sein. Achten Sie hier auf die Angabe: „Nach Öffnen haltbar bis…". Tipp: Anbruchdatum auf die Packung schreiben! Außerdem checken: Sind Verbandsstoffe noch sauber und elastisch, ist die Verpackung sterilisierter Verbände unversehrt? In Ihrer Apotheke hilft man Ihnen gern in allen Zweifelsfragen und bei der Zusammenstellung Ihrer individuellen Hausapotheke. ■

WENN DAS HERZ STOLPERT

Unser Herz schlägt rund um die Uhr, doch nicht immer läuft es dabei rund – Herzrhythmusstörungen können beunruhigend sein und die Lebensqualität stark mindern. Betroffene sollten deshalb unbedingt etwas tun.

Das Herz ist unser Lebensmotor. Es ruht nie und pumpt mit rund 100.000 Schlägen täglich 7.000 Liter Blut durch den Körper. Bei Patienten mit Herzrasen, Herzklopfen oder Herzstolpern stottert dieser Motor: Es treten Extraschläge, so genannte Extrasystolen, auf – oder der Herzmuskel setzt mit seiner Pumpleistung kurz aus. Menschen mit einem schwachen Herzen, die chronisch krank sind oder unter einer großen Belastung stehen, leiden häufiger unter Herzrhythmusstörungen. Doch auch bei gesunden Menschen können diese Symptome auftreten. Solche Herzrhythmusstörungen sind zwar in der Regel ungefährlich, trotzdem leidet die Lebensqualität der Betroffenen, wenn der Herzschlag unregelmäßig ist oder scheinbar aussetzt.

Normal oder krankhaft?

Ob Herzrhythmusstörungen harmlos, weniger harmlos oder eventuell sogar bedrohlich sind, kann nur ein Arzt nach ausführlicher Untersuchung des Patienten entscheiden. Unregelmäßigkeiten des Pulsschlags treten bei fast allen Menschen irgendwann im Laufe ihres Lebens auf, das ist völlig natürlich. Der Übergang zwischen normalen und krankhaften Herzrhythmusstörungen kann fließend sein – krankhaft bedeutet jedoch nicht zwangsläufig gefährlich.

Am häufigsten und bedeutsamsten sind Rhythmusstörungen, die Folge eines Herzleidens oder anderer Erkrankungen wie zum Beispiel einer Schilddrüsenüberfunktion sind. Aber auch bestimmte andere Einflüsse können das Herz aus dem Takt bringen: etwa das Rauchen, übermäßiger Alkohol- oder Koffeingenuss, Schlafstörungen sowie Kalium- oder Magnesiummangel.

Vitalstoffe fürs Herz

Grundvoraussetzung für eine gesunde Herzfunktion ist die ausreichende Versorgung mit Mineralstoffen und Vitaminen. Dabei ist speziell eine ausgewogene Kalium-Magnesium-Balance für den gleichmäßigen Takt des Herzens wichtig: Beide Mineralien sorgen für die elektrische Stabilität der Herzmuskelzellen. Darüber hinaus sichern Coenzym Q10 und Niacin die Energiegewinnung im Körper. Ein Mangel an diesen beiden Nährstoffen kann sich in einer Muskelschwäche äußern. Weitere herzaktive Mikronährstoffe sind Vitamin B12 und Folsäure, die am Abbau des gefäßschädigenden Homocysteins beteiligt sind.

Allerdings kann unser Körper Vitamine und Mineralien nur in begrenztem Umfang selbst bilden und ist deswegen auf die Aufnahme von außen angewiesen. Um den normalen Bedarf an wertvollen Vitalstoffen zu decken, empfiehlt die Deutsche Gesellschaft für Ernährung den täglichen Verzehr von fünf Portionen Obst und Gemüse.

Ist dieser Bedarf jedoch aufgrund außerordentlicher Belastungen erhöht, reicht der tägliche Biss in den Apfel nicht mehr aus. Das gilt insbesondere für Menschen, die an einer Herzerkrankung leiden, bereits einen Infarkt erlitten haben oder langfristig bestimmte Medikamente einnehmen müssen. Höhere Kaliumverluste sind vor allem dann möglich, wenn Patienten dauerhaft Entwässerungstabletten benötigen.

Bei funktionellen Herzrhythmusstörungen kann eine diätetische Behandlung mit geeigneten Präparaten aus der Apotheke sinnvoll sein. Dabei ist auf den richtigen „Mix" der Mikronährstoffe zu achten: Gerade Kalium und Magnesium können ihre stabilisierende Wirkung nur entfalten, wenn sie zusammen eingenommen werden. Lassen Sie sich dazu in Ihrer Apotheke beraten. ■

HABEN SIE NOCH FRAGEN? BITTE RUFEN SIE AN!

Herzrhythmusstörungen: Wie bleibt das Herz im Takt?

Wenn Sie zum Beispiel wissen wollen,

- was die möglichen Ursachen einer Herzrhythmusstörung sind,
- ob Herzrhythmusstörungen gefährlich werden können,
- wann eine ärztliche Behandlung nötig ist oder
- was Sie selbst tun können, um Herzstolpern oder Herzrasen vorzubeugen,

dann fragen Sie unseren Experten.

Dienstag, 23.07.2013, zwischen 16 und 18 Uhr Telefon 0800/8 956 614

Michael Meixner, Arzt für Allgemeinmedizin, beantwortet gerne alle Ihre Fragen.

Der Anruf ist für Sie kostenlos.

Foto: Archiv

GEWINNER

Ausgabe vom 15. April 2013:

Ulrich Motte aus Dortmund hat einen Urlaub im Lindner Hotels & Alpentherme Leukerbad in der Schweiz gewonnen.

Ursula Anman aus Aachen hat einen Urlaub im Hotel Dellavalle am Lago Maggiore in der Schweiz gewonnen.

Die Gewinner wurden schriftlich benachrichtigt.

LESERREISE

Anzeige

Schmuckes Gesundheitshotel Villa Vitalis

MEDICAL WELLNESS FÜR MEHR LEBENS-QUALITÄT UND ENERGIE

In der Innviertler Villa Vitalis erfährt der „landläufige" Begriff Wellness eine neue Ausrichtung.

Das kleine, exklusive Hotel inmitten grüner und blühender Natur bietet vielfältige Gesundheitsarrangements sowie ein Medical und Day Spa in privater, exklusiver Atmosphäre. Abseits jeden Massenbetriebs erwartet den Gast das Ambiente eines geschmackvollen Hotels mit nur 18 Zimmern in Kombination mit kompetenter medizinischer und therapeutischer Betreuung. Ein Team aus Ärzten und Therapeuten vernetzt in der Villa Vitalis Erkenntnisse aus Naturheil- und klassischer Medizin und unterstützt die Hotelgäste auf ihrem Weg zu mehr Wohlbefinden, Tatkraft und Schönheit. Die Schwerpunkte: Stressmanagement, Burn Out-Vorsorge und -Therapie, Bewegung und Fitness, Stoffwechselregulierung und Entschlackung. Gäste des einzigartigen Gesundheitshotels profitieren von der Expertise des angeschlossenen Revital Aspach, das zu den führenden Gesundheitszentren Österreichs zählt. Der neue, 1.000 m^2 große top Wellnessbereich mit Saunalandschaft und beheiztem Outdoorpool bietet ein exklusives Umfeld zum Entspannen (auch Day Spa). Gemütliche Relaxzonen, Strandkörbe und eine Lounge auf der Pool-Terrasse laden zum Energietanken ein. Mit der AlphaSphere gelangen Erholungsuchende in einen besonderen Zustand der Tiefenentspannung. In der lichtdurchfluteten Fitness-Galerie trainieren Aktive an modernen Fitness- und Ausdauergeräten. Das Medical Spa Team verwöhnt mit hochwertigen Kosmetikprodukten, vitalisierenden Gesichtsbehandlungen, Massagen, entschlackenden Wickeln, Wohlfühlbädern, Peelings u. v. m. Für kulinarische Verwöhnmomente werden in der Outdoor Lounge und im mediterranen Wintergarten Köstlichkeiten serviert. In dem neuen A la Carte Restaurant der Villa Vitalis sorgt Küchenmeister Johann Schweiger abends für Gaumenfreuden. Vor der Tür: Ein ausgedehnter Garten und die Weite der Natur zum Rad fahren, Wandern, Spazieren oder Nordic Walking. Das Day Spa Ticket kostet 65 Euro (inkl. 30 Euro Gutschein für Treatments), drei Nächte im Einzelzimmer inklusive Halbpension ab 480 Euro. ■

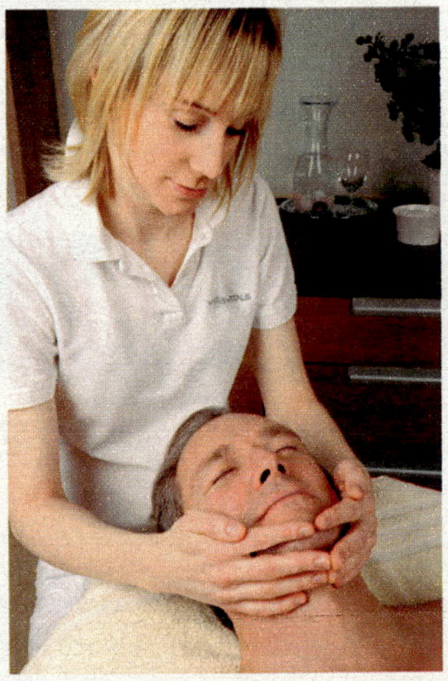

Health Package „Entschlackung und Entgiftung"

Leistungen: 1 einführendes Arztgespräch, 1 Ernährungsberatung, 1 Bio-Elektronische Terrain-Analyse nach Prof. Vincent zur Feststellung von Krankheitsrisiken und Regulationsstörungen, 1 Stoffwechsel-Analyse CRS®, 6 Detox Treatments (wählbar aus: Matrix-Regenerationstherapie zur Verbesserung der Entschlackung und Entgiftung des Zwischenzellenbereichs, säureausleitendes 4-Balance-Fußbad, Lymphdrainage, wohltuendes Öldispersionsbad, Meeresalgenpackung in der Wasserschwebeliege, stoffwechselanregende Dauerbrause nach Dr. Lust, straffender Körperwickel), 1 Vitalis Massage, 1 abschließendes Arztgespräch, spezielle Ernährungsform – Preis p. P.: 790 Euro (exkl. Übernachtung), ideal für 6 Tage. **Weitere spezielle Gesundheits-Arrangements für Aufenthalte ab 2 Tagen bis zu 3 Wochen.**

WEITERE INFORMATIONEN:

Villa Vitalis
A-5252 Aspach, Revitalplatz 1
Tel.: +43/(0)7755/21001-400,
Fax: +43/(0)7755/21001-445
office@villa-vitalis.at · www.villa-vitalis.at

Aktuelle Angebote aus Ihrer

Apotheke zum weißen Schwan

Inh.: Ina Jentsch
Springeberger Weg 16 | 12589 Berlin
Tel.: 030 – 64 89 627 | Fax: 030 – 64 80 506

Gültig vom 01.07. bis 06.07.2013

ASS-ratiopharm®
100 mg TAH
100 Tabletten

-36%

2,49 €

statt: ~~3,95 €~~*

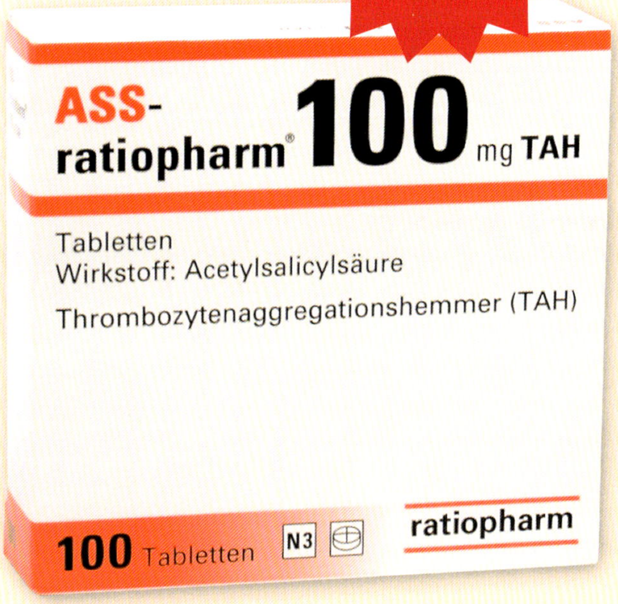

Zur Gerinnungshemmung bei Erkrankungen der Herzkranzgefäße, insbesondere nach akutem Herzinfarkt und zur Vorbeugung eines erneuten Herzinfarktes. **

Kytta-Salbe® f
100 g Salbe

-34%

8,49 €

statt: ~~12,97 €~~*

Bei Prellungen, Zerrungen und Verstauchungen.**

Lamisil® Creme
15 g Creme

-33%

5,99 €
100 g = 39,93 €

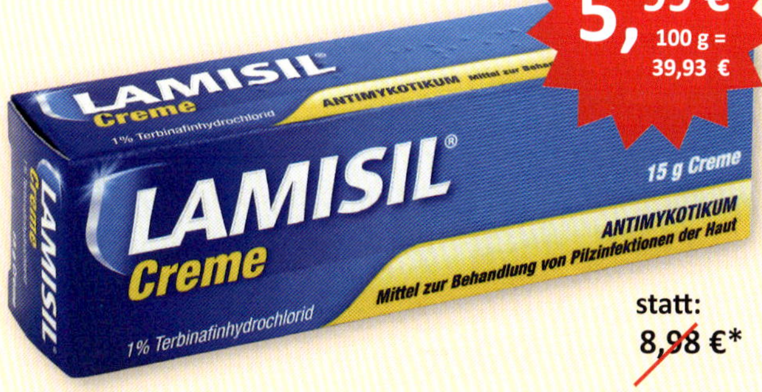

statt: ~~8,98 €~~*

Zur lokalen Behandlung von Pilzinfektionen der Haut, wie z. B. Fußpilz.**

10% Rabatt
gültig vom 8.7. – 13.7.2013
in Ihrer Apotheke zum weißen Schwan
Der Rabatt gilt auf ein Produkt Ihrer Wahl, welches nicht verschreibungspflichtig ist. Dieses Angebot ist nicht mit anderen Angeboten oder Rabatten kombinierbar. Nur ein Coupon je Person einlösbar! Keine Rabatte auf Bücher.

10% Rabatt
gültig vom 15.7. – 20.7.2013
in Ihrer Apotheke zum weißen Schwan
Der Rabatt gilt auf ein Produkt Ihrer Wahl, welches nicht verschreibungspflichtig ist. Dieses Angebot ist nicht mit anderen Angeboten oder Rabatten kombinierbar. Nur ein Coupon je Person einlösbar! Keine Rabatte auf Bücher.

10% Rabatt
gültig vom 22.7. – 27.7.2013
in Ihrer Apotheke zum weißen Schwan
Der Rabatt gilt auf ein Produkt Ihrer Wahl, welches nicht verschreibungspflichtig ist. Dieses Angebot ist nicht mit anderen Angeboten oder Rabatten kombinierbar. Nur ein Coupon je Person einlösbar! Keine Rabatte auf Bücher.